Sprossen, Körner und Bohnen

Jody Vassallo

Sprossen, Körner und Bohnen

Mit Fotos von Deirdre Rooney

AT Verlag

Einführung

Schon seit zehn Jahren möchte ich ein Buch über Sprossen und Keimlinge, Getreide, Hülsenfrüchte und Reis schreiben, denn ich habe nie verstanden, warum diese Grundnahrungsmittel, die weltweit so große Bedeutung haben, von unserer westlichen Gesellschaft seit so langer Zeit ignoriert werden. Getreide und Hülsenfrüchte sind für viele Millionen Menschen ein überlebenswichtiger Nahrungsbestandteil, und das seit Urzeiten. In Asien isst man Reis, Sprossen und Sojabohnen. In Nordafrika ist Couscous allgegenwärtig; im Mittleren Osten stehen Kichererbsen und Bulgur auf dem täglichen Speiseplan. Werfen wir einen Blick auf unsere Speisezettel, müssen wir feststellen, dass wir diese Grundnahrungsmittel nur sehr begrenzt verwenden. Zwar kennen wir alle Chili con carne, Risotto und Linsen mit Speck, aber aus diesen Grundzutaten – und das wird Ihnen dieses Buch vermitteln – kann man noch viel mehr machen!

Die Begriffe Sprossen und Keimlinge, Getreide und Hülsenfrüchte bedürfen einer kurzen Erklärung. Unter Getreide versteht man die essbaren Körner, also die Früchte der verschiedenen Getreidesorten. Hülsenfrüchte sind die eiweißreichen Samen bestimmter Hülsenfrüchtler, auch Leguminosen genannt; dazu zählen Erbsen, Bohnen und Linsen. Keimlinge und Sprossen sind genau das, was ihr Name schon sagt: Legt man die Getreidekörner oder Hülsenfrüchte in Wasser, weicht die Schale auf, der Samen keimt aus und sprießt. Zunächst bilden sich Keimlinge, dann, im nächsten Stadium, wenn sich grüne Blättchen gebildet haben, Sprossen. Sprossen und Keimlinge sind besonders nahrhaft, da sie den höchsten Energiegehalt aufweisen, den die Pflanze während ihres gesamten Lebenszyklus produziert. Durch das Keimen steigert sich der in Hülsenfrüchten und Getreide vorhandene Gehalt an Vitaminen und Mineralstoffen erheblich. Sprossen und Keimlinge sind außerdem viel besser verdaulich als die entsprechenden Körner und Hülsenfrüchte, denn die Nährstoffe werden während des Keimvorgangs bereits »vorverdaut«. So erklärt sich, dass Menschen mit einer Allergie gegen bestimmte Getreidesorten oder Hülsenfrüchte die zugehörigen Sprossen und Keimlinge gut vertragen.

Sprossen und Keimlinge

Adzukibohnenkeimlinge
Die ausgesprochen nährstoffreichen, recht süß schmeckenden Keimlinge ergänzen Salate und runden Misosuppen ab. Die Bohnen vor dem Auskeimen einweichen, am besten in speziellen Keimschalen oder im Keimglas (siehe Seite 156).

Kresse
Kresse ist bereits fertig gezogen erhältlich und wird in vielen herzhaften Gerichten verwendet. In Japan garniert man damit Sashimi. Kresse ist eine empfindliche Pflanze und wird am besten in einer speziellen flachen Keimschale gezogen, nicht im Glas (siehe Seite 156).

Lauchsprossen
Lauchsprossen haben einen ausgeprägten Lauchgeschmack, was sie zu einer idealen Zutat für Sandwiches, Salate und Saucen macht; aber auch in Suppen sind sie köstlich. Sie wachsen sehr schnell. Man muss die Samen nur über Nacht einweichen und sie regelmäßig befeuchten. Schon nach 2 bis 3 Tagen können sie verzehrt werden (siehe Seite 156).

Radieschensprossen
Radieschensprossen unterscheiden sich kaum von Kresse. Radieschensprossen sind dunkelrosa gefärbt und schmecken wie Kresse leicht scharf. In Japan verwendet man sie in Sashimi; bei uns sind sie eine beliebte Garnitur und verleihen auch Salaten und Sandwiches eine pikante Note.

Rucolasprossen
Wenn Sie Rucola mögen, werden Sie Rucolasprossen lieben, denn diese besitzen einen etwas milderen, weniger intensiven Geschmack. Verarbeiten Sie sie mit Parmesan, Tomaten und Basilikum zu einem aromatischen Pesto. Achtung: Im Keimglas bilden sie leicht Klumpen. Deshalb besser in der Keimschale ziehen (siehe Seite 156).

Rote-Bete-Sprossen
Sie werden immer bekannter und beliebter und sind in Reformhäusern und Naturkostläden erhältlich. Mit ihrer rosa Färbung eignen sie sich als beliebte Garnitur von Gerichten oder als Farbtupfer in Salaten. Man kann sie aus Samen selbst ziehen; da sie sehr fein sind, benutzt man zur Anzucht am besten ein Keimgerät (siehe Seite 156).

Mungobohnenkeimlinge und Sojasprossen

Lässt man Mungobohnen keimen, erhält man zuerst die jungen Mungobohnenkeimlinge und dann mit fortschreitender Keimung die bekannten Sojasprossen. Da sie schnell verderben, kauft man sie besser in kleinen Mengen oder kultiviert sie separat (siehe Seite 156).

Gemischte Keimlinge

Man kann Keimlinge nach Geschmack und Belieben mischen. Reformhäuser und Naturkostläden bieten fertige Mischungen an, die häufig Rote Linsen, Senf, Mungobohnen und Bockshornklee enthalten. Wenn Sie Ihre eigene Mischung zusammenstellen möchten, wählen Sie am besten feste Sorten wie Adzukibohnen, Kichererbsen oder Linsen.

Rote-Linsen-Sprossen

Mit ihrem leicht scharfen Geschmack eignen sie sich besonders gut für Salate, Suppen und Saucen. In Naturkostläden werden sie bereits fertig angeboten, aber man kann sie auch mühelos selbst kultivieren (siehe Seite 156); dazu verwendet man ganze Rote Linsen.

Bockshornkleesprossen

Diese kleinen Sprossen zeichnen sich durch ihren aromatischen, an die indische Küche erinnernden Geschmack aus. Sie passen ausgezeichnet zu Reis und Curry und ganz allgemein zu indischen Gerichten. Aufgrund ihres intensiven Aromas mischt man sie am besten mit anderen Sprossen.

Kichererbsenkeimlinge

Mit ihrem nussigen Geschmack zählen sie zu meinen Lieblingskeimlingen. Sie eignen sich ideal, um den kleinen Hunger zwischendurch zu stillen. Bevor man sie in die Keimschale oder das Keimglas gibt, weicht man sie über Nacht ein (siehe Seite 156).

Alfalfasprossen

Sie sind wohl die bekanntesten Vertreter unter den Sprossen und werden, auch unter dem Namen Luzerne, oft in fertigen Mischungen angeboten. Am einfachsten kultiviert man sie in der Keimschale bzw. im Keimgerät (siehe Seite 156). Nicht zu dicht aussäen, da die Sprossen sonst unter Licht- und Luftmangel leiden.

Amarant

Amarant ist ein sehr wertvolles Korn, das einen hohen Eiweiß- und Kalziumgehalt aufweist. Man kann Amarant anstelle von Reis in Pilawgerichten oder für Salate und Suppen verwenden. Zu Mehl gemahlen, eignet er sich zum Backen von Kuchen und Feingebäck. Amarant enthält kein Gluten und ist deshalb für Allergiker geeignet.

Gerste

Dieses ballaststoffreiche Korn war wahrscheinlich das erste kultivierte Getreide. Gerste ist nicht nur unverzichtbar zur Herstellung von Bier und Whisky, sondern lässt sich auch sehr vielfältig zu herzhaften wie auch zu süßen Gerichten verarbeiten. Als Graupen bzw. Perlgraupen werden kleine, glatte Gerstenkörner bezeichnet, die in einem Abriebverfahren geschält und geschliffen wurden. Gerste besitzt einen sehr niedrigen glykämischen Index; deshalb ist sie besonders für Diabetiker geeignet und spielt auch bei Reduktionsdiäten eine wichtige Rolle.

Schwarzer Klebreis

Dieser Reis wird in Asien für verschiedenste pikante wie auch für süße Gerichte verwendet. Vor der Weiterverarbeitung muss man den Reis über Nacht einweichen. Wie alle anderen Reissorten enthält er viel Eiweiß, Eisen, Vitamin B und Zink.

Bulgur (gemahlener Weizen)

Für Bulgur werden die ganzen Weizenkörner geschält, im Dampf gegart, getrocknet und anschließend mehr oder weniger fein zerkleinert; dadurch verkürzt sich die spätere Garzeit. Man weicht Bulgur einfach in Wasser ein, lässt ihn ziehen und schüttet dann das überschüssige Wasser ab. Bulgur enthält viel Eisen, Vitamin B, Eiweiß und Niacin.

Kamut

Dieses uralte Korn zählt zur Familie der Durumweizenarten (Hartweizen) und war schon den Ägyptern bekannt. Da Kamut wesentlich seltener Allergien auslöst und zudem nährstoffreicher ist als gängiger Hartweizen, erfreut er sich in jüngster Zeit wachsender Beliebtheit. Kamut verarbeitet man wie Weizen, er eignet sich aber auch gut für Salate und Suppen.

Quinoa

Dieses auch als Reismelde, Inkakorn oder Perureis bekannte Korn – eigentlich kein Getreide, sondern ein Gänsefußgewächs – stammt aus Südamerika. Es ist besonders eiweißreich und enthält außerdem viel Kalzium.

Buchweizen oder Schwarzweizen

Die dreieckigen Buchweizenkörner kann man vor dem Garen rösten, um das nussige Aroma zu verstärken. Geröstet wird Buchweizen auch unter der Bezeichnung Kasha angeboten. Kocht man Buchweizen in Wasser, sollte man ihn nicht aus den Augen lassen, da er bei zu langer Garzeit schnell pappig wird. Buchweizen enthält viel Eiweiß, Eisen und Magnesium.

Polenta

Der aus Italien stammende Maisgrieß ist in unterschiedlichen Körnungen erhältlich, von fein bis grob; je nach Korngröße nimmt er mehr oder weniger Wasser auf. Polenta wird in Wasser oder Fleisch- bzw. Gemüsebrühe zu einem zähen Brei gekocht; diesen kann man nach Belieben auch in einer Form fest werden lassen, anschließend in Scheiben schneiden und diese braten oder grillen. Polenta enthält viel Eisen und Thiamin.

Roter Reis
Wie der Name besagt, zeichnet sich diese ursprünglich aus Indien stammende Reissorte durch kurze, rötlich-braune Körner aus. Der leicht klebrige Reis eignet sich mit seinem feinen, nussigen Aroma für Salate, Risotto und als Beilage zu Currys.

Sago
Sago sind kleine, weiße, runde Stärkeperlen, die aus dem Mark der Sagopalme gewonnen werden. Die geschmacksneutrale körnige Stärke wird getrocknet, zu Pulver gemahlen und zu einer Paste weiterverarbeitet. Diese wird dann über einem heißen Blech durch ein Sieb gestrichen, wo die so entstandenen Kügelchen fest werden. Sago wird eine verdauungsfördernde Wirkung zugeschrieben. Er kann anstelle von Tapioka verwendet werden.

Tapioka
Im Gegensatz zu einem weitverbreiteten Irrtum stammen Sago und Tapioka von unterschiedlichen Pflanzen. Tapioka wird aus Maniok gewonnen. Dazu schält man die Wurzel und reibt sie durch ein Sieb. Das so entstandene Stärkemehl wird geröstet und wiederum durch ein Sieb gestrichen, wodurch sich Kügelchen bilden. Durch das Garen erhalten die Perlen eine transparente Färbung und eine gelatineartige Konsistenz. Tapioka hat eine längere Garzeit als Sago, was zu beachten ist, wenn man eines durch das andere ersetzt.

Grieß
Weizengrieß wird aus gemahlenem Weizen hergestellt. Ähnlich wie Polenta wird Grieß in unterschiedlichen Körnungen angeboten, von sehr fein bis grob. Sehr feiner Weizengrieß eignet sich zur Herstellung von Nudeln; gröberer Grieß wird zu Klößchen, Kuchen und Desserts verarbeitet.

Weizen
Weizen, die bei uns wohl bekannteste Getreidesorte, kommt in der Küche selten als ganzes Korn zum Einsatz. In der Regel wird er geschält und gemahlen für Gebäck verwendet. Ganze Weizenkörner sind sehr ballaststoffreich und enthalten viel Niacin. Durch die Verarbeitung zu Mehl gehen viele wertvolle Nährstoffe und Vitamine verloren.

Moughrabieh-Grieß
Auch bekannt als »libanesischer Couscous«, trägt diese Getreidesorte den Namen des libanesischen Nationalgerichts, zu dem es vorzugsweise verarbeitet wird. Die Körner ähneln den Tapiokaperlen und werden in Wasser oder Brühe gekocht. Moughrabieh-Grieß eignet sich für Salate, Suppen und Eintöpfe.

Hirse
Hirse ist ein Sammelbegriff für eine Reihe von Getreidearten, zu denen auch die sogenannte Mohrenhirse (Sorghum) zählt, die in Afrika das wichtigste Brotgetreide darstellt. Die winzigen gelben Perlen werden in Suppen, Eintöpfen und Füllungen verwendet. Hirse enthält kein Gluten und wird deshalb besonders von Menschen mit Glutenallergie geschätzt. Sie ist ballaststoffreich und enthält viel Eisen, Vitamin B_1 und Vitamin B_2.

Couscous
Als Couscous bezeichnet man den zu kleinen Kügelchen zerriebenem Grieß von Weizen, Mais oder Hirse, der nach dem Schroten über heißem Dampf gegart wird. Couscous ist eine Grundzutat der nordafrikanischen Küche. Er enthält viel Vitamin B und Eisen und ist eine wichtige Eiweißquelle.
Die Rezepte in diesem Buch werden mit Instant-Couscous zubereitet, den man lediglich 5 Minuten in kochender Brühe oder Wasser garen muss.

Grüne Puylinsen

Diese kleinen, grünschwarzen Linsen stammen aus der französischen Stadt Puy-en-Velay. Sie besitzen eine feine Schale, bleiben beim Kochen bissfest und eignen sich für Salate und Suppen. Sie garen etwas langsamer als braune und grüne Tellerlinsen. Es empfiehlt sich, sie vor dem Kochen einzuweichen.

Kichererbsen

Die herzförmigen, beigefarbenen Hülsenfrüchte sind auch unter der spanischen Bezeichnung *garbanzos* bekannt; sie sind die Grundzutat der arabischen Hummuspaste. Kaufen Sie getrocknete Kichererbsen und weichen Sie sie ein; sie sind geschmacklich und von der Konsistenz wesentlich besser als Kichererbsen aus der Dose. Kichererbsen liefern Eiweiß, Vitamin B und Ballaststoffe.

Schälerbsen

Die hellgrünen oder gelben Schälerbsen muss man vor der Weiterverarbeitung – ebenso wie Tellerlinsen – nicht einweichen. Beim Kochen zerfallen sie schnell zu Brei und ergeben als Erbsenpüree eine beliebte und schmackhafte Beilage. Auch als Suppeneinlage eignen sie sich. Schälerbsen sind ballaststoff- und eiweißreich und enthalten viel Eisen und Vitamin C.

Rote Linsen

Die eigentlich orangefarbenen Linsen kommen geschält und halbiert in den Handel, was die Kochzeit deutlich reduziert (etwa 20 Minuten). Probieren Sie sie während des Garens immer wieder, denn sie werden schnell pappig. Rote Linsen müssen vor dem Garen nicht eingeweicht werden. Sie eignen sich hervorragend zur Zubereitung des indischen Dhal.

Braune und grüne Tellerlinsen

Diese Sorten werden genauso wie Rote Linsen gegart. Sie müssen nicht eingeweicht werden, brauchen aber eine etwas längere Kochzeit als Rote Linsen, da sie im Ganzen angeboten werden. Linsen aus der Dose sind weniger empfehlenswert, da sie gerne pappig werden.

Saubohnen

Diese getrockneten Bohnenkerne sind auch unter der Bezeichnung Fava-, Acker-, Pferde- oder Puffbohnen bekannt; sie haben oft eine dicke Haut, die sich nur schwer entfernen lässt. In meinen Rezepten verwende ich tiefgefrorene Bohnen, die das ganze Jahr über angeboten werden; in der Saison sollten Sie aber frische wählen. Beide müssen gekocht werden, bevor man sie häutet. Saubohnen besitzen viel Eiweiß, Ballaststoffe und Vitamin B.

Sojabohnen

Von allen Bohnensorten haben Sojabohnen die längste Garzeit; deshalb sollten sie vor dem Kochen unbedingt eingeweicht werden (siehe Seite 157). Sojabohnen sind sehr eiweißreich und haben einen hohen Gehalt an essenziellen Fettsäuren. Helle und dunkle Sojabohnen werden zu Sojasauce, Tofu, Tempeh, Miso, Sojamilch, gesalzenen Bohnen und zu zahlreichen Getränken und Käsesorten auf Sojabasis verarbeitet.

Augenbohnen

Die kleinen cremefarbenen Bohnen mit dem schwarzen Fleck sind besonders in der amerikanischen Südstaatenküche sehr beliebt. Sie sind ballaststoff- und eiweißreich.

Canellinibohnen

Die kleinen weißen Bohnen werden getrocknet oder in Dosen angeboten und sind besonders in der italienischen Küche sehr beliebt. In Brühe gegart und anschließend püriert, ergeben sie ein hervorragendes Püree. Canellinibohnen werden auch oft in Suppen, Eintöpfen und Aufläufen verwendet.

Adzukibohnen

Die auch als »Adukibohnen« bezeichnete Bohnensorte ist besonders in der chinesischen und japanischen Küche beliebt, wo sie vor allem zu Desserts verarbeitet wird und die Hauptzutat einer roten Bohnenpaste bildet. Doch auch in herzhaften Gerichten wie Suppen, Salaten und Schmorgerichten finden die Bohnen Verwendung. Adzukibohnen sind eiweiß- und ballaststoffreich, enthalten viel Eisen, Vitamin B_1, Vitamin B_3, Magnesium, Zink und Kalium. Beim chinesischen Neujahrsfest sollen sie böse Geister fernhalten.

Borlottibohnen

Die auch Cocobohnen genannten rosa gesprenkelten Bohnen werden in der italienischen Küche gerne verwendet; gegart zeichnen sie sich durch ihre herrlich cremige Konsistenz aus. Sie werden getrocknet oder in Dosen angeboten; leider verlieren sie beim Kochen ihr attraktives rosa Muster; doch das Eiweiß, die Ballaststoffe und die Vitamine der B-Gruppe bleiben erhalten.

Limabohnen

Die dicken, nierenförmigen, flachen Bohnen wurden zuerst in Lima angebaut, was ihnen ihren Namen eintrug. Sie werden getrocknet oder in Dosen angeboten; Konservenbohnen werden beim Garen allerdings schnell weich und pappig, wenn man sie zu lange kocht. Limabohnen sind sehr ballaststoffreich und verursachen leicht Blähungen.

Mungobohnen

Die besonders in China und Indien beliebten Mungobohnen sind bei uns als Keimlinge bekannter; die langen weißen Sprossen werden in der chinesischen Küche viel verwendet. Geschält und fein gemahlen, werden Mungobohnen zu chinesischen Bandnudeln und Glasnudeln verarbeitet. In Indien bereitet man aus geschälten, halbierten Mungobohnen das traditionelle Gericht Moong Dhal zu (Gelbe Mungobohnen mit Kräutern). Sie sind reich an Ballaststoffen und Eiweiß und enthalten Magnesium, Eisen, Folsäure sowie die Vitamine B_1 und B_3.

Rote Bohnen

Diese nierenförmigen und daher auch Kidneybohnen genannten Hülsenfrüchte sind eine Grundzutat der mexikanischen Küche. Sie werden getrocknet oder in Dosen angeboten. Für Gerichte, die lange köcheln müssen, nimmt man getrocknete Bohnen, die nicht so schnell zerfallen. Rote Bohnen besitzen viel Eiweiß, Kalium, Magnesium, Folsäure sowie die Vitamine B_1 und B_3; sie sind sehr ballaststoffreich, was nach dem Genuss zuweilen zu Blähungen führt.

Flageoletbohnen

Sie zählen wie die Canellini-, Caracoli- und Buschbohnen zur Gruppe der Weißen Bohnen und können untereinander ausgetauscht werden. Sie werden getrocknet oder in Dosen angeboten. Flageoletbohnen sind sehr ballaststoff- und eiweißreich.

Black-Turtle-Bohnen

Black-Turtle-Bohnen sind nicht mit schwarzen Sojabohnen zu verwechseln; sie sind kleiner und runder als diese. Black-Turtle-Bohnen können in allen folgenden Rezepten durch Rote Bohnen ersetzt werden. Auch in Bezug auf den Nährwert ähneln sich die beiden Sorten.

Sprossen und Keimlinge: Schnell und einfach

Dampfgegarter Tofu mit Adzukibohnenkeimlingen, Ingwer und Frühlingszwiebeln
500 g weichen Tofu mit 2 EL fein gehacktem Ingwer und 30 g Adzukibohnenkeimlingen bestreuen, mit 1 TL Sesamöl und 1 EL Sojasauce beträufeln und im Dampf garen. Wenn der Tofu gar ist, mit 2 in feine Ringe geschnittenen Frühlingszwiebeln bestreuen und mit einer Mischung aus 2 EL Sojasauce, 1 TL Zucker und 1 TL chinesischem Reiswein beträufeln. Ergibt 4 Portionen.

Gegrillter Muskatkürbis mit Adzukibohnenkeimlingen
Den Ofen auf 200 Grad vorheizen. 500 g geschälten Muskatkürbis in dicke Scheiben schneiden, mit Olivenöl beträufeln und im Ofen grillen; auf Teller verteilen. 2 Noriblätter in feine Streifen schneiden, 1 Zwiebel fein hacken. Beides mit 50 g Adzukibohnenkeimlingen und 1 EL Sesamkörnern mischen und über die Kürbisscheiben verteilen. Mit einer Mischung aus ½ TL Sesamöl, 1 EL Tamarindenmus und 1 EL Reisessig beträufeln. Ergibt 4 Portionen.

Einfache Ideen für ...

Adzukibohnenkeimlinge

Adzukibohnenkeimlinge sind einfach zu kultivieren. Dank ihrer festen Konsistenz kann man sie auf unterschiedlichste Arten zubereiten. Sie schmecken kalt ebenso wie warm und eignen sich besonders gut für asiatische Reis-, Nudel- und Pfannengerichte.

Sobanudelsalat mit Ingwer
200 g kalte gekochte Sobanudeln mit ½ fein aufgeschnittenen Salatgurke, 2 EL mariniertem gehacktem Ingwer, 1 gewürfelten Avocado und 50 g Adzukibohnenkeimlingen mischen. 1 EL Mirin mit 1 EL Sake und 1 EL Sojasauce zu einem Dressing verrühren, über den Nudelsalat verteilen und servieren. Ergibt 4 Portionen.

Pikante Mandeln mit Adzukibohnenkeimlingen
100 g Mandeln mit der braunen Haut in einer beschichteten Pfanne trocken rösten. 1–2 EL Tamarindenmus, 1 EL Honig und ½ TL Fünf-Gewürze-Pulver mischen und dazugeben, die Mandeln bei mittlerer Hitze darin wenden. Abseits vom Herd 50 g Adzukibohnenkeimlinge darunterheben. Ergibt 4 Portionen.

Alfalfa-Ei-Rolle
8 Scheiben Toastbrot entrinden. 3 Eier hartkochen und mit 2 EL Mayonnaise und einer Prise Curry zerdrücken. Den Toast mit der Eimischung bestreichen, 50 g Alfalfasprossen darauf verteilen, salzen, pfeffern und den Toast zusammenrollen. Ergibt 4 Portionen.

Ziegenkäse mit Alfalfasprossen und Honignüssen
150 g Ziegenkäse in vier Scheiben aufschneiden. 50 g Alfalfasprossen darauf verteilen. 2 EL Honig mit 2 TL Balsamicoessig erhitzen und einige Walnusshälften darin anrösten, auf dem Käse verteilen. Mit Vierteln von 2 reifen Feigen garnieren. Ergibt 4 Portionen.

Alfalfasprossen

Diese nährstoffreichen, zerbrechlichen Sprossen werden in Supermärkten, Naturkostläden und beim Gemüsehändler angeboten. Sie krönen jeden Salat und ersetzen im Sandwich das Salatblatt.

Avocado-Alfalfa-Dip
Das ausgelöste Fleisch von 2 reifen Avocados mit 50 g Alfalfasprossen, 1 EL Limettensaft und 1 Knoblauchzehe pürieren. Salzen, pfeffern und mit geröstetem Weißbrot servieren. Nach Gusto gehackte Schalotten dazu reichen. Ergibt 4 Portionen.

Sprossen-Kernen-Salat mit Mandeln
100 g Alfalfasprossen, 3 EL Sonnenblumenkerne, 2 EL Kürbiskerne und 50 g geschälte Mandeln mischen. Auf Teller verteilen und mit einem Dressing aus 2 EL Estragonessig, 1 TL Dijonsenf, 1 TL Honig und 4 EL Olivenöl beträufeln. Ergibt 4 Portionen.

Blätterteiggebäck mit Käse und Rote-Bete-Sprossen
Den Ofen auf 200 Grad vorheizen. 50 g geriebenen Parmesan, 50 g geriebenen Cheddar, 2 fein gehackte Zwiebeln, 1 TL zerstoßenen Pfeffer und 50 g Rote-Bete-Sprossen mischen. Die Mischung auf einem Blätterteigquadrat (20 x 20 cm) verteilen; rundherum 2 cm frei lassen. Den Teig einrollen und die Rolle in 2 cm dicke Scheiben aufschneiden. Diese 20 Minuten backen, bis der Teig gebräunt und knusprig ist. Ergibt 12 Stück.

Krautsalat mit Rote-Bete-Sprossen und Äpfeln
75 g in feine Streifen geschnittenen Kohl mit 50 g Rote-Bete-Sprossen, 2 fein gehackten Zwiebeln und 2 entkernten und klein geschnittenen roten Äpfeln mischen. 2 EL Naturjoghurt mit 2 EL Apfelsaft und 1 TL grobkörnigem Senf zu einem Dressing verrühren und über den Salat geben. Ergibt 4 Portionen.

Einfache Ideen für ...

Rote-Bete-Sprossen

Die fadendünnen Rote-Bete-Sprossen sind ausgesprochen vielseitig verwendbar. Ihre attraktive rote Färbung macht sie zur idealen Garnitur; sie vertragen aber auch hohe Temperaturen erstaunlich gut, so dass man sie gut frittieren und braten kann.

Wachteleier mit Rote-Bete-Sprossen
12 Wachteleier hart kochen, schälen und halbieren. Auf 12 Spinatblätter setzen und mit gebratenen Rote-Bete-Sprossen garnieren. Ergibt 4 Portionen.

Salat mit Rote-Bete-Sprossen, Grapefruit und Blauschimmelkäse
100 g Rucola auf vier Teller verteilen, die Filets einer Grapefruit, 100 g Blauschimmelkäse, 50 g Rote-Bete-Sprossen und 50 g Pinienkerne darauf verteilen. Alles mit Olivenöl beträufeln. Ergibt 4 Portionen.

Sobanudelsalat mit Sojasprossen
100 g gekochte Sobanudeln, 100 g Sojasprossen, 25 g frisches Koriandergrün, 1 große, fein gehackte Chili und 80 g Erdnüsse mischen. 1 TL Sesamöl, 2 EL Sojasauce, 1 EL Reisessig und 1 TL Zucker zu einem Dressing mischen und darübergeben. Ergibt 4 Portionen.

Sojasprossen mit Knoblauch und Parmesan
1 EL Olivenöl erhitzen, 3 fein gehackte Knoblauchzehen und 200 g Sojasprossen darin 3 Minuten dünsten. Mit Meersalz und schwarzem Pfeffer aus der Mühle würzen. Vom Herd nehmen, mit 1 EL gehacktem Thymian und 50 g gehobeltem Parmesan bestreuen. Ergibt 4 Portionen.

Sojasprossen

Sojasprossen erscheinen zuerst als kleine, grüne Keimlinge der Mungobohne. Sie lassen sich ganz einfach kultivieren, weshalb sie in Asien auch so beliebt und verbreitet sind. Sojasprossen runden asiatische Pfannen- und Nudelgerichte ab und passen zu jedem Salat.

Essiggemüse aus Karotte, Gurke und Sojasprossen
1 Karotte und 1 Minigurke schälen, beide in feine Streifen schneiden und mit 100 g Sojasprossen mischen. ½ l weißen Essig mit 3 EL Zucker mischen und über das Gemüse geben. In ein steril siertes Einmach- oder Schraubglas geben und verschlossen 3 Tage kalt stellen. Ergibt 4 Portionen.

Chinesisches Omelett mit Sojasprossen und Austernsauce
6 Eier mit 1 TL Sesamöl verklopfen und in 1 EL Öl braten. Mit 50 g Sojasprossen und 1 EL frischem Koriandergrün bestreuen, fest werden lassen. Das Omelett auf 4 Teller verteilen, mit Austernsauce beträufeln und mit frischem Koriandergrün bestreuen. Ergibt 4 Portionen.

Rucolasprossensalat mit Parmesan
100 g junge Rucolablätter mit 50 g Rucolasprossen und 100 g gehobeltem Parmesan mischen. Den Salat auf Teller verteilen, mit gutem Olivenöl und reifem Balsamicoessig beträufeln. Ergibt 4 Portionen.

Nektarinen mit Rucolasprossen und Feta
3 Nektarinen entsteinen und vierteln, mit 100 g zerbröseltem Feta und 50 g Rucolasprossen anrichten. Mit Olivenöl und Estragonessig beträufeln. Ergibt 4 Portionen.

Einfache Ideen für ...

Rucolasprossen

Junge Rucolasprossen haben einen pikanten, pfeffrigen Geschmack, der dem von Senfsprossen ähnelt. Frische Rucolasprossen geben Salaten und Sandwiches, Baguette und Pitabrot aromatische Würze.

Bagels mit Räucherlachs und Rucolasprossen
4 Sesam-Bagels aufschneiden und rösten. Die Hälften großzügig mit 100 g Frischkäse, vermischt mit 1 EL gehackten Kapern und 2 EL gehackten Cornichons, bestreichen. Mit 100 g Räucherlachs belegen und mit 50 g Rucolasprossen garnieren. Ergibt 4 Portionen.

Halloumi mit Zitrone und Rucolasprossen
500 g in dicke Scheiben geschnittenen Halloumi in 1 EL Olivenöl anbräunen. 2 klein gewürfelte Tomaten mit 1 fein gehackten Knoblauchzehe und etwas abgeriebener Zitronenschale mischen. 30 g Rucolasprossen darunterheben und auf den Käsescheiben anrichten. Ergibt 4 Portionen.

Wurst-Sandwich mit Lauchsprossen
4 Schweinswürstchen braten. In 1 EL Öl 1 fein gehackte Zwiebel andünsten. 1 EL Balsamicoessig und 1 EL Rohzucker dazugeben und die Zwiebel karamellisieren. Abseits vom Herd 50 g Lauchsprossen darunterheben. Brötchen aufschneiden, die Würstchen hineinlegen und die Sprossenmischung darauf verteilen. Mit Chutney servieren. Ergibt 4 Portionen.

Kartoffelrösti mit Lauchsprossen
2 rohe Kartoffeln fein reiben, mit der Hand die Flüssigkeit ausdrücken, mit 2 gehackten Knoblauchzehen und 50 g Lauchsprossen mischen. Aus dieser Mischung kleine Rösti formen und in Olivenöl von beiden Seiten knusprig-braun braten. Ergibt 4 Portionen.

Lauchsprossen

Kein Zweifel: Wenn Sie sie einmal probiert haben, werden Lauchsprossen in Ihrer Küche zur unverzichtbaren Zutat. Mit ihrem feinen Lauchgeschmack können sie die aromatischen Alfalfasprossen ersetzen und werden auch wie diese verwendet: als Krönung eines Salats oder als Sandwich-garnitur.

Fenchelsalat mit Pecorino, Radieschen und Lauchsprossen
2 Fenchelknollen und 50 g Radieschen fein aufschneiden, zusammen mit 50 g gehobeltem Pecorino und 50 g Lauchsprossen in eine Salatschüssel schichten. 1 EL Apfelsaft, 1 gehackte Knoblauchzehe, 1 EL Weißweinessig und 2 EL Olivenöl verrühren und darübergeben. Ergibt 4 Portionen.

Sämiger Kartoffelbrei mit Lauchsprossen
500 g geschälte, gewürfelte Kartoffeln (mehlige Sorte) in ½ l Hühnerbrühe weich kochen. Abgießen und die Kartoffeln pürieren. 2 EL Butter und 2 EL Crème fraîche sowie 50 g Lauch- und 30 g Zwiebelsprossen darunterheben. Salzen, pfeffern und gut verrühren. Ergibt 4 Portionen.

Senfsprossensalat mit Himbeeren und Parmaschinken
100 g Parmaschinken auf dem vorgeheizten Grill knusprig rösten, abkühlen lassen und in grobe Stücke teilen. Mit 100 g zerbröseltem Ziegenkäse, 90 g Senfsprossen und 200 g Himbeeren in einer Schüssel vermischen und mit gutem Olivenöl beträufeln. Ergibt 4 Portionen.

Lachsröllchen mit Crème fraîche und Senfsprossen
4 Scheiben Räucherlachs (150 g) mit 1–2 EL Crème fraîche bestreichen; darauf jeweils ein Sträußchen Senfsprossen legen und die Lachsscheiben aufrollen. Die Röllchen mit einem Zahnstocher, Cocktailspieß oder Schnittlauchhalm fixieren. Ergibt 4 Portionen.

Einfache Ideen für ...

Senfsprossen

Senfsprossen verwendet man ganz ähnlich wie Senf, nämlich zu Fleisch, Käse und Brot. Senfsprossen sind sehr zart und empfindlich, deshalb verarbeitet man sie roh, beispielsweise in Salaten. Höchstens ganz kurz anbraten, damit sie ihren Biss bewahren.

Avocadoschiffchen mit Senfsprossen
2 reife Avocados schälen, entsteinen und vierteln. 50 g Senfsprossen mit 2 EL Sesamkörnern mischen und auf jedes Avocadoviertel etwas von der Mischung geben. 2 EL Sojasauce mit 1 EL Zitronensaft und 2 TL Zucker vermischen und über die Avocadoschiffchen verteilen. Sofort servieren. Ergibt 4 Portionen.

Roastbeef-Toast mit Senfsprossen
6 Scheiben Vollkorntoast rösten und diagonal halbieren. 1 EL Meerrettichpaste mit 1 EL Mayonnaise und 1 TL Dijonsenf verrühren und die Toastbrotscheiben damit bestreichen. Mit zerkleinertem Roastbeef belegen und mit Senfsprossen garnieren.

Käse-Senf-Croûtons mit Radieschensprossen
Den Backofengrill vorheizen. 1 frisches Baguette in dicke Scheiben aufschneiden, auf einer Seite rösten und die andere Seite großzügig mit grobkörnigem Senf bestreichen. 100 g geriebenen reifen Cheddar oder Gruyère darauf verteilen und unter dem Grill bräunen. Mit 30 g Radieschensprossen garnieren. Ergibt 4 Portionen.

Radieschensprossensalat mit Orangen und Trauben
3 Navel-Orangen schälen und filetieren, auf Teller verteilen. 100 g halbierte rote Trauben, 50 g Friséesalat, 60 g Radieschensprossen und 2 EL Sonnenblumenkerne darübergeben. Mit Rotweinessig und Olivenöl beträufeln. Ergibt 4 Portionen.

Radieschensprossen

Die purpurn leuchtende Färbung macht Radieschensprossen zu einer attraktiven Verzierung mancher Vorspeise, ihr leicht pfeffriges Aroma rundet Gerichte raffiniert ab. Die Sprossen halten sich frisch, wenn man sie in der Keimschale aufbewahrt und immer leicht feucht hält.

Rohkostsalat mit Gorgonzolasauce
2 Tomaten und 1 Minigurke klein würfeln. In einer Schüssel mit grünem Salat und 60 g Radieschensprossen mischen. 50 g zerbröselten Gorgonzola mit 150 g Naturjoghurt und 1 EL Wasser verrühren und über den Salat geben. Ergibt 4 Portionen.

Sushi mit Röstkürbis und Radieschensprossen
Den Ofen auf 180 Grad vorheizen. 500 g Muskatkürbis schälen, in Scheiben schneiden und 30 Minuten rösten. Abkühlen lassen. Den Kürbis auf 6 gegrillten Noriblättern verteilen, mit 60 g Radieschensprossen und etwas fein gehacktem Ingwer bestreuen. Die Noriblätter aufrollen und in Scheiben aufschneiden. Ergibt 4 Portionen.

Ausbackküchlein mit Rote-Linsen-Sprossen
Mit dem Schneebesen 125 g Mehl, 1¼ TL Backpulver, 1 TL Currypulver, 1 Ei und 125 ml Milch zu einem Teig verarbeiten. 50 g Rote-Linsen-Sprossen und 1 TL gehacktes frisches Koriandergrün darunterheben. Jeweils 1 EL Teig in eine geölte Pfanne geben, zu einem Fladen glattstreichen und ausbacken. Mit Naturjoghurt oder Mangochutney servieren. Ergibt 4 Portionen.

Karottendip mit Rote-Linsen-Sprossen
3 geschälte, in Scheiben geschnittene Karotten weich kochen und abgießen. Mit 100 g Rote-Linsen-Sprossen, 1 Knoblauchzehe, 1 EL Tahini (aus geschältem Sesam) und 1 EL Zitronensaft pürieren. Als Dip oder Brotaufstrich verwenden. Ergibt 4 Portionen.

Einfache Ideen für ...

Rote-Linsen-Sprossen

Viele Gemüsehändler bieten Rote-Linsen-Sprossen an. Wer die indische Küche liebt, in der ohnehin oft Linsen verarbeitet werden, wird auf Rote-Linsen-Sprossen bald nicht mehr verzichten wollen.

Pastinakenpüree mit Rote-Linsen-Sprossen
600 g geschälte, gewürfelte Pastinaken in ½ l Brühe weich kochen, 400 g Kichererbsen aus der Dose (abgespült und abgetropft) dazugeben und erhitzen. Alles in eine Schüssel geben und mit 100 g Butter und 2 EL Meerrettichpaste pürieren. 1 EL gehackte Petersilie und 50 g Rote-Linsen-Sprossen darunterheben. Ergibt 4 Portionen.

Reis mit Zwiebeln und Rote-Linsen-Sprossen
200 g Basmatireis in 350 ml Wasser garen. In einem Topf 2 EL Olivenöl erhitzen, 2 fein gehackte Zwiebeln, 1 TL gemahlenen Kreuzkümmel und 1 TL Zimt darin anziehen und 10 Minuten weiterdünsten. Sind die Zwiebeln karamellisiert, den Reis, 100 g Rote-Linsen-Sprossen und 2 EL gehacktes Koriandergrün darunterheben. Ergibt 4 Portionen.

Curry aus Körner-Mix und Kichererbsenkeimlingen
In einer Pfanne 30 g Butter mit 1 TL Currypulver erhitzen. 100 g Kichererbsenkeimlinge, 100 g Mandeln, 50 g Kürbiskerne und 50 g Sonnenblumenkerne dazugeben und alles bei mittlerer Hitze andünsten. Auf ein Küchenpapier geben und abtropfen lassen. Für sich allein oder mit einem Salat genießen. Ergibt 4 Portionen.

Kichererbsenkeimlinge mit Paprika und Tomaten-Salsa
In einer Pfanne 1 EL Olivenöl erhitzen und 1 kleine, fein gehackte rote Zwiebel darin andünsten. 1 TL geräuchertes Paprikapulver und 1 TL Kümmel dazugeben und 1 Minute weiterbraten, dann 200 g Kichererbsenkeimlinge, 2 gewürfelte Tomaten und 400 g Rote Bohnen aus der Dose (abgespült und abgetropft) hinzufügen. 5 Minuten köcheln lassen. Kurz vor dem Servieren gehacktes Koriandergrün darunterheben. Ergibt 4 Portionen.

Kichererbsenkeimlinge

Kichererbsenkeimlinge lassen sich leicht selbst ziehen – so hat man die köstliche Zutat immer frisch zur Hand. Die Keimlinge passen wie die Kichererbsen selbst in Eintöpfe, Currys und Suppen. Für alle Kalorienbewussten sind die Keimlinge eine gute Alternative zu den getrockneten Hülsenfrüchten.

Sautierter Knoblauchspinat mit Kichererbsenkeimlingen
In Wok oder Pfanne 2 EL Erdnussöl und 1 TL Sesamöl erhitzen, 3 fein gehackte Knoblauchzehen und 200 g jungen Spinat darin andünsten. 100 g Kichererbsenkeimlinge und 100 g Sojakeimlinge hinzufügen und weiterbraten. Mit etwas süßer Sojasauce (Ketjap Manis) beträufeln und mit 2 TL gerösteten Sesamkörnern bestreuen. Ergibt 4 Portionen.

Aufstrich aus Kichererbsenkeimlingen und Cashews
200 g Kichererbsenkeimlinge, 50 g geröstete Cashewkerne, 1 Knoblauchzehe, 1 TL gemahlenen Kreuzkümmel, 2 TL Petersilie und 2 EL Olivenöl pürieren. Als pikanten Brotaufstrich oder Dip genießen. Ergibt 4 Portionen.

Pikanter Kokos-Krabben-Salat
In einer Schüssel 200 g Bockshornkleesprossen, 30 g frische Kokosraspeln, 1 große, fein gehackte rote Chili, 200 g vorgegartes Krabbenfleisch, 100 g gekochte Reisnudeln und 1 EL gehacktes Koriandergrün mischen. 2 EL Limettensaft mit 2 EL Fischsauce und 1 EL Rohzucker vermischen und über den Salat geben. Ergibt 4 Portionen.

Melonensalat mit Bockshornkleesprossen
500 g Melone in Scheiben schneiden, schälen. 50 g Bockshornkleesprossen mit 2 EL Kürbiskernen mischen und auf den Melonenscheiben verteilen. Olivenöl und süß-scharfe Chilisauce zu gleichen Teilen mischen und darüberträufeln. Ergibt 4 Portionen.

Einfache Ideen für ...

Bockshornkleesprossen

Die aromatisch-pikanten Bockshornkleesprossen verwendet man am besten in kräftigen Gerichten wie Currys oder einer herzhaft gewürzten Tomatensauce. Frisch verwendet, geben sie tropischen Früchten und pikantem Käse das gewisse Etwas.

Warmer Kichererbsen-Tomaten-Salat
1 EL Sonnenblumenöl in einer Pfanne erhitzen. 1 fein gehackte rote Zwiebel und 1 TL gemahlenen Kreuzkümmel 5 Minuten darin andünsten. 3 zerquetschte Tomaten und 400 g Kichererbsen aus der Dose hinzufügen. Alles 10 Minuten köcheln lassen. Vor dem Servieren 50 g Bockshornkleesprossen darunterheben und mit Reis servieren. Ergibt 4 Portionen.

Rührei mit Bockshornkleesprossen und Räucherlachs
6 Eier mit 125 ml Milch und 2 EL gehacktem Schnittlauch verrühren. 50 g Butter in einer Pfanne erhitzen, die Eimischung hineingeben, leicht verrühren und 3 Minuten stocken lassen. Salzen, pfeffern und 50 g in feine Streifen geschnittenen Räucherlachs sowie 50 g Bockshornkleesprossen darunterheben. Mit Zitronensaft abschmecken. Ergibt 4 Portionen.

Karottensalat mit Rosinen und Keimlingen
2 geraspelte Karotten mit 100 g gemischten Keimlingen, 15 g Kokosraspeln, 3 EL Rosinen und 2 EL gerösteten Pinienkernen vermischen. 3 EL Orangensaft, 1 EL Sesamöl und 1 EL Sojasauce verrühren und über den Salat geben. Ergibt 4 Portionen.

Blätterteigtaschen mit Ricotta-Sprossen-Füllung
Den Ofen auf 200 Grad vorheizen. 200 g Ricotta mit 50 g gemischten Keimlingen und Sprossen und 2 EL geriebenem Parmesan vermengen, salzen und pfeffern. Jeweils 2 TL der Mischung auf 12 Blätterteigquadraten verteilen, mit etwas Olivenöl beträufeln. Den Blätterteig zu Dreiecken falten und 20 Minuten backen. Ergibt 4 Portionen.

Gemischte Sprossen

Ob beim Gemüsehändler gekauft oder zu Hause auf der Fensterbank selbst gezogen – eine Sprossenmischung sorgt immer wieder für Überraschungen. Nur eines ist sicher: An Nährstoffen mangelt es ihr nicht. Genießen Sie sie pur oder runden Sie Ihre Lieblingsgerichte damit ab.

Misosuppe mit Keimlingen und Sprossen
1 l Wasser mit 1 EL Sojasauce, 1 EL Mirin, 1 EL getrockneten Wakamealgen und 1 TL Dashi-Instant-Brühe zum Kochen bringen, dann die Hitze reduzieren. 3 in Ringe geschnittene Frühlingszwiebeln, 100 g gewürfelten Seidentofu, 50 g gemischte Keimlinge hinzufügen und 10 Minuten köcheln lassen. 1 EL weiße Misopaste mit 60 ml Hühnerbrühe vermischen und zur Suppe geben. Nochmals aufkochen. Ergibt 4 Portionen.

Tandoori-Huhn-Wraps mit Keimlingen
1 EL Tandooripaste mit 3 EL Naturjoghurt verrühren und 300 g Hühnerfleisch 1 Stunde darin ziehen lassen. Dann das Fleisch 5 Minuten auf dem vorgeheizten Grill garen, auf 4 Fladenbrote (Pita) verteilen, mit 50 g Keimlingen und etwas gehackter Minze bestreuen. Die Fladen aufrollen und servieren. Ergibt 4 Portionen.

Frühstück und Brunch

Taboulé mit Granatapfelkernen und Pfirsich

Die meisten von uns kennen Bulgur nur in pikanten Gerichten, am bekanntesten sind Taboulé und Kibbehbällchen. Ich mag Bulgur jedoch auch von seiner süßen Seite. Das verwendete Obst und der Fruchtsaft lassen sich ganz nach Geschmack variieren. Der Bulgur sollte in jedem Fall so trocken wie möglich weiterverarbeitet werden, da die Zutaten sonst schnell durchweichen.

Für 4 Personen
Zubereitungszeit: 10 Minuten
Ruhezeit: 20 Minuten
Garzeit: 5 Minuten

75 g Bulgur
½ l Apfelsaft ohne Zuckerzusatz
2 Granatäpfel, ausgelöste Kerne
2 Mangos, geschält und klein gewürfelt
2 Pfirsiche, klein gewürfelt
50 g getrocknete Cranberries
1 EL frisch geriebener Ingwer
30 g Pfefferminzblätter, grob gehackt

1 fettarmer Naturjoghurt

Den Bulgur in eine große Schüssel geben. Den Apfelsaft in einem Topf aufkochen, die Hälfte davon über den Bulgur gießen, die andere Hälfte beiseitestellen. Den Bulgur 20 Minuten ziehen lassen, bis die Flüssigkeit vollständig aufgesaugt ist. (Falls noch Flüssigkeit vorhanden ist, den Bulgur durch ein feines Sieb abgießen und abtropfen lassen.)

Den Bulgur mit Granatapfelkernen, Mango- und Pfirsichstücken sowie den Cranberries vermengen.

Den Ingwer zum restlichen Apfelsaft geben, aufkochen und abkühlen lassen. Den kalten Ingwer-Apfelsaft über den Bulgur gießen und die Minzeblätter darunterheben. Dazu Naturjoghurt servieren.

Pearl-Drink mit Wassermelone

Dieses Getränk habe ich in Vietnam kennengelernt, und seitdem kann ich nicht mehr zum »Chinesen« gehen, ohne zwei oder drei Gläser davon zu trinken. Um den Geschmack zu variieren, kann man den Melonensaft durch Kokosmilch ersetzen, die man mit etwas gecrushtem Eis verrührt; anstelle der Adzukibohnen lassen sich auch gekochte Sojabohnen verwenden.

Für 4 Personen
Zubereitungszeit: 15 Minuten
Garzeit: 40 Minuten
Einweichzeit: über Nacht

50 g getrocknete Adzukibohnen
50 g Tapioka
2 kg Wassermelone, entkernt, in Stücke geschnitten und tiefgefroren

Die Adzukibohnen in einer Schüssel mit kaltem Wasser bedeckt über Nacht einweichen. Dann das Wasser abgießen, die Bohnen unter fließendem Wasser abspülen, in einen Topf geben, mit frischem Wasser bedecken und 40 Minuten kochen. Abgießen und gut abtropfen lassen.

Die Tapiokaperlen in einem zweiten Topf mit kaltem Wasser bedeckt 40 Minuten kochen, bis sie glasig sind. Abspülen und gut abtropfen lassen.

Die gefrorenen Wassermelonenstücke pürieren. Bohnen und Tapioka in vier große Gläser verteilen und mit dem Melonensaft auffüllen.

Feigen-Porridge mit Kardamom

Dank der glücklichen Verbindung von Gersten- und Haferflocken eignet sich dieses Gericht für Diabetiker und alle, die auf einen niedrigen glykämischen Index achten.

Für 4 Personen
Zubereitungszeit: 10 Minuten
Garzeit: 10 Minuten

115 g Gerstenflocken
80 g Haferflocken
1 TL gemahlener Zimt
1 TL Kardamom
100 g getrocknete Feigen, klein gehackt
1 TL Vanilleextrakt oder ½ Beutel Bourbon-vanillepulver
¾ l Milch

etwas Milch
2 TL Rohzucker
4 frische Feigen, halbiert

Gersten- und Haferflocken, Zimt, Kardamom, Trockenfeigen und Vanille in einen Topf geben. Die Milch hinzufügen und alles unter Rühren 10 Minuten köcheln lassen, bis ein dicklicher, sämiger Brei entsteht.

Den Brei in 4 Schälchen verteilen, etwas Milch dazugeben, mit Rohzucker bestreuen und mit den frischen Feigen dekorieren.

Maisgrütze mit Räucherfisch, Kapern und Spinat

Die bei den Amerikanern beliebte Mais- oder Sojagrütze – sie wird dort »grits« genannt – ist diesseits des Atlantiks wenig bekannt. Zu Unrecht, wie ich meine, denn die Zutaten sind lecker und sehr nährstoffreich. Die Garzeit variiert je nach Art und Alter der verwendeten Bohnen bzw. Körner. Man kann die Grütze übrigens auch mit Pfannkuchen, Waffeln und Maisküchlein kombinieren.

Für 6 Personen
Zubereitungszeit: 10 Minuten
Garzeit: 1 Stunde 10 Minuten

190 g grober Maisgrieß
1 EL Butter
4 Eier, verklopft
40 g frisch geriebener Parmesan
2 EL aromatische Kräuter (z.B. Dill, Petersilie, Basilikum), gehackt
50 g junger Spinat
500 g geräucherte Makrele oder anderer Räucherfisch
2 EL Crème fraîche
2 EL Kapern
Butter für die Form

Zitronenschnitze

Den Ofen auf 180 Grad vorheizen. ½ l Wasser in einem Topf zum Kochen bringen und den Mais nach und nach unter ständigem Rühren einrieseln lassen. Die Hitze reduzieren und den Brei 40 Minuten köcheln lassen.

Die Wände einer quadratischen Form (20 x 20 cm) sparsam buttern und den Boden mit Backpapier auslegen.

Den Topf vom Herd nehmen, die Butter, die Eier, den Parmesan und die gehackten Kräuter darunterrühren. Die Mischung in die Form füllen und 30 Minuten backen. Die Form aus dem Ofen nehmen, etwas abkühlen lassen und die gebackene Grütze in sechs Stücke schneiden. Spinat, Räucherfisch, Crème fraîche und Kapern darauf anrichten. Mit Zitronenschnitzen servieren.

Knuspriges Zimt-Granola

Der amerikanische Begriff Granola bezeichnet ein geröstetes Müsli. Die Grundlage bilden meistens Haferflocken, doch ich habe auch schon verschiedene andere Getreidesorten dafür verwendet. Granola hält sich einige Zeit frisch, wenn man es in einem luftdicht verschlossenen Behälter im Kühlschrank aufbewahrt. Wichtig: Das Müsli wird erst, wenn es abgekühlt ist, knusprig.

Für 1,3 kg
Zubereitungszeit: 15 Minuten
Garzeit: 40 Minuten

200 g Haferflocken
200 g Gerstenflocken
150 g Roggenflocken
100 g Nüsse, grob gehackt
50 g Sonnenblumenkerne
100 g Kürbiskerne
50 g Mischung aus Leinsamen, Sojakernen und Mandeln
50 g Kokosraspeln
1 EL Olivenöl
4 EL Rohzucker in Puderform
125 ml Honig
2 TL gemahlener Zimt
2 TL Vanilleextrakt oder 1 Beutel Bourbonvanillepulver
250 g Dörrobst (Aprikosen, Äpfel oder Rosinen)

Den Ofen auf 180 Grad vorheizen.

Hafer-, Gersten- und Roggenflocken, die Nüsse und Kerne sowie die Kokosraspeln in einer großen Schüssel mischen. Öl, Zucker, Honig, Zimt und Vanille in einen Topf geben, zum Kochen bringen und vom Herd nehmen. Mit der Getreidemischung vermengen, bis die Zutaten rundherum mit einer süßen Schicht überzogen sind. Auf zwei Bleche verteilen und 40 Minuten backen; dabei ab und zu wenden.

Das Dörrobst unter das knusprige und leicht gebräunte Müsli heben und alles abkühlen lassen.

Spanischer Bohnentopf mit Chorizo

Für dieses Gericht können Sie alle Arten von Weißen Bohnen, wie Lima- oder Canellinibohnen, verwenden oder einen Teil auch durch Rote Bohnen und Kichererbsen ersetzen. Das folgende Rezept ist für ein Frühstück berechnet, zu dem man zusätzlich noch Eier serviert. Für ein Hauptgericht verdoppeln Sie die Mengen.

Für 4 Personen
Zubereitungszeit: 20 Minuten
Einweichzeit: über Nacht
Garzeit: 55 Minuten

80 g getrocknete Weiße Bohnen
250 g Chorizo, in Scheiben geschnitten
1 Zwiebel, gehackt
2 Tomaten, geschält, entkernt und gehackt
2 EL Tomatenmark

Eier und Toast

Die Weißen Bohnen in eine Schüssel geben und mit kaltem Wasser bedeckt über Nacht einweichen. Abgießen, unter fließendem Wasser abspülen und in einen Topf geben. Mit frischem kaltem Wasser bedecken und 40 Minuten bei mittlerer Hitze köcheln lassen. Abgießen und gut abtropfen lassen.

Die Chorizoscheiben in einer Pfanne bei mittlerer Hitze ohne Fett anbräunen, dann die Zwiebel hinzufügen und 5 Minuten andünsten. Die Tomaten und das Tomatenmark dazugeben und alles bei schwacher Hitze 10 Minuten schmoren. Wenn die Tomaten weich sind, die Weißen Bohnen zur Sauce geben und alles noch einmal erhitzen. Mit Eiern und Toast servieren.

Couscous mit Obst und Crème fraîche

Dieses einfache, schnelle Couscous-Frühstück zählt zu meinen Lieblingsspeisen. Es lässt sich sehr gut vorbereiten und beispielsweise ins Büro mitnehmen. Im Winter kann man den Cranberrysaft durch Orangensaft ersetzen und statt frischer Früchte gehacktes Dörrobst wie Rosinen, Aprikosen, Birnen oder Äpfel verwenden.

Für 4 Personen
Zubereitungsgzeit: 5 Minuten
Ruhezeit: 10 Minuten
Garzeit: 5 Minuten

½ l Cranberrysaft
1 EL in dünne Scheiben geschnittenen frischen Ingwer
2 Sternanis
185 g Couscous
300 g frisches rotes Obst, nach Saison
1 EL Zitronenmelisse, fein gehackt

200 g Crème fraîche
2 EL Lavendelhonig

Den Cranberrysaft mit Ingwer und Sternanis in einem Topf zum Kochen bringen und 5 Minuten köcheln lassen. Die Flüssigkeit über den Couscous gießen und 10 Minuten ziehen lassen, bis der Saft vollständig aufgesaugt ist. Den Couscous mit einer Gabel auflockern, abkühlen lassen.

Das Obst und die Zitronenmelisse vorsichtig darunterheben. Den Couscous in Schälchen verteilen und mit einem großzügigen Klacks Crème fraîche und etwas Honig servieren.

Grießbrei mit Rhabarberkompott

Grießbrei ist besonders im Winter ein köstliches, wärmendes Frühstück. Auch die erprobten Familienmütter unter meinen Freundinnen lieben Grießbrei, weil ihre Kleinen nicht genug davon bekommen können – Grießbrei steht bei ihnen jedenfalls wesentlich höher im Kurs als Haferschleim. Für Kinder geben Sie eine Prise Vanilleextrakt oder -pulver dazu und servieren den Grießbrei mit Apfelkompott.

Für 4 Personen
Zubereitungszeit: 5 Minuten
Garzeit: 10 Minuten

40 g Grieß
1 TL Gewürzmischung (Zimt, Vanille, Nelken o.Ä.)
100 g kandierter Ingwer, gehackt
600 ml fettarme Milch oder Sojamilch
300 g Rhabarber, in etwa 5 cm lange Stücke geschnitten
2 EL grobkörniger brauner Zucker

4 EL Mascarpone

Den Grieß mit den Gewürzen, dem gehackten Ingwer und der Milch in einem Topf zum Kochen bringen und bei mittlerer Hitze unter ständigem Rühren zu einem geschmeidigen Brei kochen. Den Grießbrei abseits vom Herd noch 5 Minuten quellen lassen.

Den Rhabarber mit dem Zucker in 600 ml Wasser aufkochen und zugedeckt 5 Minuten kochen lassen. Den Grießbrei in Schälchen füllen, das Rhabarberkompott darauf verteilen und auf jede Portion einen Esslöffel Mascarpone geben.

Gepufftes Getreide

Ein wunderbares Getreide-Frühstücksgericht, das ich auf einer meiner Reisen durch Südamerika kennengelernt habe. Dort isst man Popcorn schon morgens und den ganzen Tag über als Zwischenmahlzeit. Mischen Sie die Getreidesorten nach Ihrem Geschmack und probieren Sie auch einmal gepufften Reis und Amarant.

Zum Puffen wird das Getreide bei geschlossenem Deckel in einem großen Topf erhitzt, bis die Körner aufspringen. Den Topf regelmäßig durchschütteln, damit die gepufften Körner nicht am Topfboden anbrennen und alle Körner die Chance haben, sich zu öffnen.

Für 1 kg
Zubereitungszeit: 10 Minuten
Garzeit: 20 Minuten

100 g Popcorn (gepuffter Mais)
100 g gepuffter Vollkornreis
100 g gepufftes Quinoa oder gepuffte Hirse
100 g Weizenkleie (Typ All-Bran)
55 g Kokosraspeln
50 g Kürbiskerne
185 ml Ahornsirup
170 g getrocknete Cranberries
200 g gedörrte, entsteinte Datteln, gehackt
100 g gedörrte, in Stückchen geschnittene Bananen

Den Ofen auf 180 Grad vorheizen.

Mais, Reis, Quinoa, Weizenkleie, Kokosraspeln und Kürbiskerne in einer großen Schüssel gut vermengen. Den Ahornsirup darüber verteilen und gut umrühren, bis Getreide und Kerne rundherum damit überzogen sind. Auf ein Blech geben und im Ofen 20 Minuten backen, bis alles schön gebräunt ist.

Cranberries, Datteln und Bananen daruntermischen und alles vollständig auskühlen lassen. Erst dann zur Aufbewahrung in einen luftdicht verschließbaren Behälter füllen.

Vollkornbrot

Es gibt nichts Köstlicheres als den Duft und den Geschmack von selbstgebackenem Brot. Dieses Rezept erfordert zwar etwas Zeit, doch das schmackhafte Resultat lohnt die Mühe. Wer es gerne süß mag, kann zusätzlich gehacktes Dörrobst und etwas abgeriebene Orangenschale dazugeben.

Für 2 Brote
Zubereitungszeit: 20 Minuten
Ruhezeit für den Teig: 4 Stunden
Garzeit: 40 Minuten

50 g Perlgraupen
40 g grob gemahlener Roggen
60 g grob gemahlener Weizen
2 EL Hirse
2 EL Sonnenblumenkerne
2 EL Leinsamen
3 EL Trockenhefe
300 g Vollkornmehl
300 g Weizenmehl (Typ 55 oder 65)
1 TL Meersalz
Öl zum Fetten der Form

Graupen, Roggen, Weizen, Hirse, Sonnenblumenkerne und Leinsamen in eine große Schüssel geben. Mit kaltem Wasser bedeckt 1 Stunde einweichen, dann vorsichtig abgießen und mit Küchenpapier trockentupfen, um überschüssiges Wasser zu entfernen.

Die Trockenhefe in 60 ml warmem Wasser auflösen und gehen lassen, bis eine schaumige Mischung entstanden ist. (Notfalls nochmals neu ansetzen.)

Vollkornmehl und Weizenmehl mit dem Salz, der Getreidemischung und der angesetzten Hefe in eine Schüssel geben, ¼ l Wasser hinzufügen und alles zu einem homogenen Teig verarbeiten. Diesen auf der leicht bemehlten Arbeitsfläche 10 Minuten durchkneten, bis ein weicher, geschmeidiger Teig entstanden ist. Den Teig in eine sparsam geölte Schüssel geben und mit Frischhaltefolie zugedeckt 2 Stunden an einem warmen, zugluftfreien Ort auf das doppelte Volumen gehen lassen.

Den Ofen auf 200 Grad vorheizen und zwei Kastenformen (16 x 10 cm) sparsam fetten. Den Teig in die Formen geben und an einem warmen Ort ohne Zugluft nochmals auf das doppelte Volumen gehen lassen. Im vorgeheizten Ofen 30 bis 40 Minuten backen.

Das Brot sollte schön gebräunt sein und hohl klingen, wenn man daranklopft. Herausnehmen und abkühlen lassen.

Hauptgerichte

Linsenpuffer mit Apfel-Fenchel-Salat

Für 4 Personen
Zubereitungszeit: 30 Minuten
Garzeit: 15 Minuten

400 g braune Linsen aus der Dose, abgetropft
50 g Feta, zerkrümelt
2 Frühlingszwiebeln, fein geschnitten
1 Zucchini, geraspelt
1 EL frischer Thymian, gehackt
1 Ei, verklopft
60 g Haferkleie

2 grüne Äpfel, geschält, entkernt, sehr fein geschnitten
1 Fenchelknolle ohne Herz, sehr fein geschnitten
2 EL Zitronensaft
2 EL Olivenöl extra vergine
Olivenöl zum Braten
Meersalz und schwarzer Pfeffer aus der Mühle

Linsen, Feta, Frühlingszwiebeln, Zucchini und Thymian in einer großen Schüssel mischen. Dann das verklopfte Ei und die Haferkleie hinzufügen und gut verrühren. Aus der Masse 4 Puffer formen.

In einer beschichteten Pfanne wenig Olivenöl erhitzen. Die Puffer darin bei mittlerer Hitze auf jeder Seite 10 bis 15 Minuten braten. Die Äpfel und den Fenchel mit Zitronensaft und Olivenöl beträufeln und gut mischen. Mit Salz und Pfeffer abschmecken. Die Linsenpuffer mit dem Salat servieren.

Saubohnensalat mit Pancetta

Frische Saubohnen besitzen eine hübsche grünliche Färbung. Getrocknet sind sie eher von unscheinbarem Braun, und die Haut wird relativ hart. Man muss sie eine Weile einweichen und lange kochen, damit sie zart werden. Deshalb verwende ich für dieses Gericht frische oder tiefgekühlte Bohnen. Achten Sie darauf, die Bohnen nicht länger als angegeben zu kochen, sonst werden sie pappig.

Für 4 Personen
Zubereitungszeit: 15 Minuten
Schälen: 10 Minuten
Garzeit: 15 Minuten

600 g frische oder tiefgekühlte Saubohnen
2 EL Olivenöl
100 g Pancetta, klein gewürfelt
2 Knoblauchzehen, gepresst
2 EL glattblättrige Petersilie, grob gezupft

gehobelter Parmesan

Die Bohnen in einem großen Topf Wasser kochen. Abschütten, abtropfen lassen und schälen.

Das Olivenöl in einer Pfanne erhitzen und darin den Pancetta und den Knoblauch bei mittlerer Hitze 5 Minuten anbraten. Sobald sie knusprig gebraten sind, die Bohnen dazugeben und unter Rühren erhitzen. Kurz vor dem Servieren die Petersilie darunterheben. Mit gehobeltem Parmesan bestreut servieren.

Quinoasuppe

Quinoa war bei den Inkas ein Grundnahrungsmittel, wahrscheinlich auch deshalb, weil es reich an Eiweiß und Kalzium ist. Diese Suppe dickt schnell ein, wenn man sie stehen lässt; man kann sie dann mit etwas Brühe wieder verdünnen.

Für 4 bis 6 Personen
Zubereitungszeit: 15 Minuten
Garzeit: 30 Minuten

1 EL Olivenöl
2 Stangen Lauch, fein geschnitten
1 Prise Safranfäden
300 g Kartoffeln, geschält und gewürfelt
1½ l Hühnerbrühe
95 g Quinoa
400 g Kichererbsen aus der Dose, abgespült und abgetropft
300 g Räucherfisch (Forelle oder Makrele), ohne Haut, grob zerkleinert
1 EL Petersilie, gehackt
3 EL Dill, gehackt
2 EL frische Kapern, gehackt
1 EL abgeriebene Zitronenschale
Meersalz und schwarzer Pfeffer aus der Mühle

Das Öl in einem großen Topf erhitzen, den Lauch dazugeben und 5 Minuten bei mittlerer Hitze andünsten. Sobald er weich und leicht gebräunt ist, die Safranfäden und die Kartoffelwürfel hinzufügen und kurz weiterdünsten, bis die Kartoffeln weich werden. Die Brühe dazugießen und zum Kochen bringen, dann den Quinoa und die Kichererbsen beigeben und 20 Minuten köcheln lassen.

Den Räucherfisch hinzufügen, salzen und pfeffern. Weitere 5 Minuten köcheln lassen. Zum Schluss Petersilie, Dill, Kapern und Zitronenschale darunterheben. Die Suppe in Schalen verteilen und sofort servieren.

Couscousterrine mit Gemüse

Couscous – winzige Hartweizengrieß-Kügelchen – ist die Grundlage der marokkanischen und tunesischen Küche. Für dieses Gericht verwende ich Instant-Couscous (auch als Minuten- oder Schnellkoch-Couscous angeboten) und lasse ihn so lange ziehen, bis die Flüssigkeit vollständig aufgesaugt ist. Dann lockere ich die Masse mit einer Gabel auf.

Für 6 Personen
Zubereitungszeit: 25 Minuten
Ruhezeit: über Nacht im Kühlschrank
Garzeit: 20 Minuten

Je 1 rote und grüne Paprika (Peperoni)
1 l Gemüsebrühe
500 g Instant-Couscous
30 g Butter
1 EL Olivenöl
1 Zwiebel, gehackt
2 Knoblauchzehen, gepresst
1 TL Korianderpulver
1 TL gemahlener Zimt
200 g Kartoffeln, geschält und gerieben
2 Zucchini, geraspelt
100 g schwarze Oliven, entsteint und gehackt
2 EL glattblättrige Petersilie, gehackt
2 EL Pfefferminze, gehackt
2 TL abgeriebene Zitronenschale
Butter für die Form

100 g griechischer Naturjoghurt
milde Chilisauce

Den Backofengrill auf höchster Stufe vorheizen. Eine flache Form (23 x 10 cm) mit Frischhaltefolie auslegen, so dass die Ränder überstehen.

Die Paprikaschoten unter dem heißen Grill rösten, bis die Haut schwarz wird und Blasen wirft. Aus dem Ofen nehmen, in eine Plastiktüte legen und lauwarm abkühlen lassen. Dann die Haut abziehen und das Fruchtfleisch fein hacken.

Die Brühe in einem Topf zum Kochen bringen. Couscous und Butter in eine Schüssel geben und mit der kochenden Brühe übergießen. 10 Minuten ziehen lassen, dann die Masse mit einer Gabel lockern und die Körnchen voneinander trennen.

Das Öl in einer großen Pfanne erhitzen, Zwiebel und Knoblauch darin 5 Minuten andünsten. Korianderpulver und Zimt dazugeben und eine weitere Minute dünsten, dann Kartoffeln und Zucchini hinzufügen und 10 Minuten weiter schmoren, bis die Kartoffeln weich sind.

Den Couscous mit der Kartoffel-Zucchini-Mischung, Paprika, Oliven, Kräutern und Zitronenschale gut mischen. In die vorbereitete Form füllen und die Frischhaltefolie darüberschlagen. Mit einem passenden Brettchen und mit mehreren Konservendosen beschweren, um die Masse zu pressen. Über Nacht in den Kühlschrank stellen.

Die Terrine in Quadrate aufschneiden und mit Naturjoghurt und Chilisauce servieren.

Risotto mit Feta, Kürbis und Graupen

Gerste lässt sich in der Küche ausgesprochen vielseitig einsetzen. Man kann sie wie Reis verwenden, in Wasser oder Brühe garen, zu Suppen und Salaten verarbeiten. Im folgenden Gericht lässt sich die Gerste auch durch Arborioreis ersetzen.

Für 4 Personen
Zubereitungszeit: 20 Minuten
Garzeit: 40 Minuten

1½ l Hühner- oder Gemüsebrühe
120 ml Weißwein
1 EL Olivenöl
1 EL geriebener frischer Ingwer
1 Zwiebel, gehackt
390 g Perlgraupen
500 g Kürbisfleisch, geschält und gewürfelt
25 g frischer Parmesan, fein gerieben
200 g Feta, grob zerbröselt
1 TL frischer Thymian, gehackt
Pfeffer aus der Mühle

Brühe und Wein in einem Topf zum Kochen bringen, dann bei reduzierter Hitze leise köcheln lassen.

Das Olivenöl in einem zweiten Topf erhitzen und darin bei mittlerer Hitze den Ingwer und die gehackte Zwiebel 5 Minuten andünsten. Die Perlgraupen dazugeben und weitere 2 Minuten dünsten. Dann den Kürbis und 125 ml der Brühe hinzufügen; unter ständigem Rühren köcheln lassen. Wenn die Graupen die Flüssigkeit fast vollständig aufgesaugt haben, erneut etwas Brühe dazugießen und wiederum einkochen lassen; so weiterfahren, bis die Brühe aufgebraucht ist und die Graupen weich sind, aber trotzdem noch etwas Biss haben.

Parmesan, Feta und Thymian darunterheben, großzügig pfeffern und sofort servieren.

Kichererbsensalat mit Entenbrust und Oliven

Zum Kochen bevorzuge ich getrocknete Kichererbsen, da sie von festerer Konsistenz sind. Im folgenden Gericht können Sie die Sonnenblumensprossen durch andere Sprossen ähnlicher Größe ersetzen. Sumach ist in orientalischen Lebensmittelgeschäften erhältlich; falls Sie keinen bekommen, geben Sie etwas mehr Zitronensaft zum Dressing.

Für 4 Personen
Zubereitungszeit: 20 Minuten
Einweichzeit: über Nacht
Garzeit: 45 Minuten bis 1 Stunde

250 g getrocknete Kichererbsen
1 EL Olivenöl
2 Entenbrüste
150 g grüne Oliven
200 g grüne Bohnen, blanchiert
2 Orangen, geviertelt
50 g Cashewkerne, trocken geröstet
100 g Sonnenblumen- oder Lauchsprossen
100 g Feldsalat
1 rote Zwiebel, fein gehackt

Dressing:
2 EL Zitronensaft
75 ml Olivenöl extra vergine
1 Knoblauchzehe, gepresst
2 TL süßes Paprikapulver
2 TL gemahlener Sumach
1 TL Puderzucker

Die Kichererbsen in kaltem Wasser über Nacht einweichen. Abgießen, abspülen, in einen Topf geben und mit frischem Wasser bedecken. Zum Kochen bringen und 10 Minuten kochen lassen; dann die Hitze reduzieren und weitere 40 Minuten bis 1 Stunde leise köcheln lassen.

Das Öl in einer Pfanne erhitzen und die Entenbrüste bei mittlerer Hitze braten, bis die Haut knusprig und gebräunt und das Fleisch schön zart ist. 5 Minuten ruhen lassen, dann in Scheiben schneiden.

Die Kichererbsen und die Entenbrustscheiben mit allen übrigen Zutaten mischen.

Alle Zutaten zum Dressing verrühren, über den Salat geben, mischen und sofort servieren.

Uppama

Uppama ist ein beliebtes Gericht der südindischen Küche. In der Garmethode ähnelt es einem Risotto, während es in der Konsistenz an Pilaw erinnert. Man kocht es so lange, bis die Körner einem Couscous ähneln. Das Gemüse kann man nach Belieben austauschen. Uppama schmeckt sowohl kalt als auch warm köstlich.

Für 6 Personen
Zubereitungszeit: 20 Minuten
Garzeit: 15 Minuten

3 EL Olivenöl
1 TL braune Senfsamen
1 getrocknete rote Chili
1 EL gelbe Tellerlinsen
10 Blätter Currykraut
1 kleine rote Zwiebel, fein gehackt
180 g grobkörniger Grieß oder Couscous
2 Zucchini, fein gewürfelt
100 g Chinakohl, fein geschnitten
150 g frische oder tiefgekühlte Erbsen
200 g Spargel, in Stücke geschnitten
200 g grüne Bohnen, in Stücke geschnitten
50 g geröstete Cashewkerne
2 EL gehacktes Koriandergrün

Naturjoghurt

Das Öl in einem Wok oder in einer großen Pfanne erhitzen und darin die Senfsamen 2 Minuten bei mittlerer Hitze anrösten. Wenn sie zu springen beginnen, die Chili und die Linsen dazugeben und so lange dünsten, bis die Linsen ihre Farbe verändern. Dann das Currykraut und die Zwiebel hinzufügen und alles nochmals 5 Minuten dünsten.

Den Grieß dazugeben und weitere 5 Minuten mitdünsten. Sind die Körner leicht gebräunt, die Hitze reduzieren und 400 ml kochendes Wasser dazugießen. Unter stetem Rühren weiterköcheln, bis das Wasser vollständig vom Grieß aufgesaugt ist. Eventuell vorhandene Klumpen zerkleinern.

Zucchini, Chinakohl, Erbsen, Spargel, grüne Bohnen und Cashewkerne hinzufügen und 5 Minuten mitkochen lassen, zuletzt das Koriandergrün darunterheben. Zusammen mit Naturjoghurt servieren.

1 tsp.

Salat von Grillgemüse und Perlgraupen

Perlgraupen sind geschälte, geschliffene Gerstenkörner; da die Schale entfernt wurde, garen sie schneller als die Vollkornvariante, die über Nacht eingeweicht werden muss und eine längere Kochzeit erfordert.

Für 4 Personen
Zubereitungszeit: 20 Minuten
Garzeit: 1 Stunde

440 g Perlgraupen
1 rote Paprika (Peperoni)
400 g Kürbisfleisch, geschält und gewürfelt
2 rote Zwiebeln, geviertelt
2 Zucchini, in dicke Scheiben geschnitten
2 EL Olivenöl
2 Knoblauchzehen, klein gehackt
400 g Flageoletbohnen aus der Dose, abgespült und abgetropft
3 EL Pesto

Den Ofen auf 200 Grad vorheizen.

Die Graupen 40 Minuten in Wasser kochen, abgießen und gut abtropfen lassen.

Paprika, Kürbis, Zwiebeln und Zucchini in eine große Auflaufform geben mit Olivenöl beträufeln und mit Knoblauch bestreuen. 40 Minuten backen.

Die Graupen und das Gemüse in einer großen Schüssel mit den Bohnen und dem Pesto behutsam vermischen, servieren.

Canellinibohnen-Buchweizen-Puffer

In gerösteter Form bezeichnet man den Buch- oder Schwarzweizen auch als Kasha. Das schmackhafte Getreide eignet sich gut für vegetarische Puffer, aber auch als köstliche Füllung für Fleisch- und Geflügelgerichte.

Für 12 Puffer
Zubereitungszeit: 15 Minuten
Abkühlzeit: 30 Minuten
Garzeit: 40 Minuten

2 rote Paprika (Peperoni)
400 g Canellinibohnen aus der Dose, abgespült und gut abgetropft
100 g Buchweizen
3 Frühlingszwiebeln, gehackt
60 g Sonnenblumenkerne, grob gehackt
80 g Sesamkörner, geröstet
30 g Basilikum, gehackt
½ TL Sesamöl
Olivenöl

Chutney
gemischter Sprossensalat

Den Grill auf höchster Stufe vorheizen und die Paprika rösten, bis die Haut schwarze Blasen wirft; in eine Plastiktüte geben und lauwarm abkühlen lassen. Dann die Haut abziehen und das Fruchtfleisch grob hacken.

Die Canellinibohnen pürieren.

Den Buchweizen 10 Minuten in Wasser kochen, abgießen und gut abtropfen lassen. In einer großen Schüssel mit Bohnenpüree, Frühlingszwiebeln, Paprika, der Hälfte der Sonnenblumenkerne und der Hälfte der Sesamkörner, Basilikum und Sesamöl mischen. Daraus mit angefeuchteten Händern 12 Puffer formen; diese in den restlichen Sonnenblumenkernen und Sesamkörnern wälzen, dann 30 Minuten in den Kühlschrank stellen und fest werden lassen.

In einer beschichteten Pfanne Öl erhitzen und die Puffer darin auf jeder Seite 3 bis 5 Minuten braten; dabei mehrmals wenden. Sie müssen leicht gebräunt, knusprig und durchgegart sein. Mit einem Chutney und einem frischen Sprossensalat servieren.

Pilzragout auf Polenta

Hartweizengrieß, aus dem Polenta hergestellt wird, zählt in Italien zu den Grundnahrungsmitteln; auch dieses Gericht ist italienisch inspiriert. Wichtig ist, dass das Wasser sprudelnd kocht, bevor man die Polenta hineingibt; dann muss gut gerührt werden, damit die Körner nicht am Topfboden kleben bleiben. Man kann die weiche Polenta auch auf einem Backblech verteilen, unter dem Backofengrill rösten und dann bedeckt mit gegrilltem Gemüse (am besten vom Holzkohlegrill) servieren.

Für 4 bis 6 Personen
Zubereitungszeit: 15 Minuten
Ruhezeit: 20 Minuten
Garzeit: 30 Minuten

30 g getrocknete Steinpilze
300 g feine oder grobkörnige Polenta
2 EL Olivenöl
300 g gemischte Pilze, zerkleinert
2 Knoblauchzehen, gepresst
125 ml trockener Weißwein
300 ml flüssiger Rahm
1 EL frischer Thymian, gehackt
50 g Butter
100 g geriebener Pecorino
Meersalz und schwarzer Pfeffer aus der Mühle

Die getrockneten Steinpilze in 600 ml heißem Wasser 20 Minuten einweichen.

In einem großen Topf 1½ l Wasser zum Kochen bringen. Nach und nach den Polentagrieß dazugeben, die Hitze reduzieren und unter gelegentlichem Rühren kochen, bis ein dicker Brei entstanden ist, der sich von den Topfwänden löst. Zugedeckt warm stellen.

Das Öl in einer Pfanne erhitzen und die Pilze darin bei mittlerer Temperatur anbraten. Knoblauch, Weißwein und das Einweichwasser der Pilze hinzufügen und so lange kochen, bis der Weißwein verdunstet ist, dann den Rahm und den Thymian hinzufügen und alles 5 Minuten köcheln lassen, bis die Sauce eindickt. Mit Salz und Pfeffer abschmecken.

Butter und Pecorino unter die Polenta ziehen, auf Teller verteilen und das Pilzragout darauf anrichten.

Ingwer-Reis-Salat mit Huhn

Vollkornreis ist von den Spelzen, nicht aber von der Schale befreiter Reis; deshalb enthält er mehr Nährstoffe als der helle, geschälte Reis, benötigt allerdings auch eine doppelt so lange Garzeit. Ich bereite Vollkornreis im Reiskocher zu; so kann ich sicher sein, dass immer genug Wasser vorhanden ist und der Reis nicht am Topfboden festklebt.

Für 4 Personen
Zubereitungszeit: 30 Minuten
Garzeit: 40 Minuten

4 Hühnerbrustfilets (Bioqualität)
4 EL Sambal Oelek oder andere Chilipaste
200 g Vollkornreis, gekocht und abgekühlt
400 g Sojabohnen aus der Dose, abgespült und abgetropft
200 g Mungobohnensprossen
2 EL Sesamkörner, geröstet
1 kleine rote Zwiebel, gewürfelt
1 Tomate, klein gewürfelt
2 EL marinierter Ingwer, gehackt
2 EL Pfefferminzblätter, gehackt

Dressing:
2 EL Vollkornreisessig
1 EL Sojasauce
1 TL Sesamöl
1 TL Puderzucker

1 Knoblauchzehe, gepresst
¼ TL Meersalz
125 ml Naturjoghurt

Den Ofen mit Grillfunktion auf 200 Grad vorheizen. Die Hühnerbrustfilets mit Sambal Oelek einreiben und auf einem Backblech 10 Minuten grillen, bis sie gut gebräunt sind. Auf eine ofenfeste Platte legen und weitere 20 bis 25 Minuten im Ofen garen. Sticht man das Fleisch mit einem Spieß tief an, muss klarer Saft herauslaufen.

In einer Schüssel den Reis mit Sojabohnen, Mungobohnensprossen, Sesam, Zwiebel, Tomate, Ingwer und Minze mischen.

In einer zweiten Schüssel die Zutaten zum Dressing verrühren und den Salat damit beträufeln.

Den Naturjoghurt mit Knoblauch und Meersalz verrühren.

Die Hühnerbrustfilets mit dem Reissalat und der Joghurtsauce servieren.

Chorizo mit Puylinsen

Puylinsen sind kleine Linsen von dunkelgrüner bis grau-schwärzlicher Färbung; sie werden ohne Einweichen gegart und bleiben bissfest, wenn man die Garzeit nicht allzu sehr überschreitet. Von allen Linsensorten besitzen Puylinsen am meisten Mineralstoffe.

Für 4 Personen
Zubereitungszeit: 15 Minuten
Garzeit: 35 Minuten

2 EL Olivenöl
4 Chorizo-Würste, in Scheiben geschnitten
1 Zwiebel, gehackt
1 Karotte, fein gewürfelt
1 Stange Sellerie, fein gewürfelt
100 g Pancetta in Scheiben
2 Knoblauchzehen, gepresst
2 Lorbeerblätter
½ TL geräuchertes Paprikapulver
125 ml Weißwein
250 g grüne Puylinsen
2 EL glattblättrige Petersilie, gehackt
Olivenöl extra vergine
Meersalz und schwarzer Pfeffer aus der Mühle

Das Öl in einer großen Pfanne erhitzen und die Wurstscheiben darin bei mittlerer Hitze anbraten. Aus der Pfanne nehmen und auf Küchenpapier abtropfen lassen. Zwiebel, Karotte, Sellerie und Pancetta in die Pfanne geben und 5 Minuten anbraten. Knoblauch, Lorbeerblätter, Paprikapulver und Weißwein hinzufügen und alles zum Kochen bringen.

Sobald der Wein fast vollständig verdunstet ist, 1 l Wasser dazugießen und erneut zum Kochen bringen. Linsen und Chorizo hinzufügen und bei niedriger Hitze 20 bis 30 Minuten köcheln lassen. Salzen und pfeffern. Das Gericht auf Teller verteilen, mit Petersilie bestreuen und mit etwas Olivenöl beträufeln.

Salat aus gemischten Bohnen und Grilltomaten

Augenbohnen sind ein Klassiker der amerikanischen Südstaatenküche. Unter dem Namen »Hoppin' John« serviert man sie mit Reis und Speck als traditionelles Neujahrsessen – die Augenbohnen sollen im neuen Jahr Glück bringen.

Für 4 bis 6 Personen
Zubereitungszeit: 20 Minuten
Einweichzeit: 1 Stunde
Garzeit: 50 Minuten

80 g getrocknete Augenbohnen
6 Tomaten, halbiert
1 Knoblauchknolle, ungeschält
400 g Borlottibohnen aus der Dose, abgespült und abgetropft
400 g Limabohnen aus der Dose, abgespült und abgetropft
200 g gemischte eingelegte Oliven
100 g große Kapern
100 g Rucola
40 g Basilikum, grob zerzupft
6 Sardellen, grob gehackt, nach Belieben
3 EL Olivenöl
2 EL Balsamicoessig

Die Augenbohnen über Nacht in reichlich kaltem Wasser einweichen, abgießen und unter fließendem Wasser abspülen.

Den Ofen auf 180 Grad vorheizen.

Die Augenbohnen in einem mit kaltem Wasser gefüllten Topf zum Kochen bringen, 10 Minuten kochen, dann bei niedriger Hitze weitere 40 Minuten köcheln lassen.

In der Zwischenzeit die Tomaten mit dem Knoblauch auf ein Backblech geben und 30 Minuten im Ofen schmoren. Den Knoblauch abkühlen lassen, dann schälen. Die Tomaten auf einer großen Servierplatte außen im Kreis anrichten.

In einer Schüssel die Bohnen mit Knoblauch, Oliven, Kapern, Rucola, Basilikum und, falls verwendet, Sardellen mischen. Öl und Essig zu einem Dressing verrühren, über den Salat geben und alles gut mischen. Den Salat in die Mitte der Platte geben und servieren.

Erbseneintopf mit Schweinehaxe

Für diesen Eintopf verwende ich Schälerbsen, weil man sie nicht einweichen muss und sie das Gericht schön cremig machen. Statt grüner Schälerbsen kann man auch gelbe nehmen.

Für 4 bis 6 Personen
Zubereitungszeit: 10 Minuten
Garzeit: 1 Stunde 40 Minuten

1 EL Olivenöl
1 Zwiebel, gehackt
1 Karotte, gewürfelt
2 Selleriestangen, gewürfelt
1 Schweinehaxe (Eisbein), ungekocht
1 Lorbeerblatt
200 g grüne Schälerbsen
Meersalz und schwarzer Pfeffer aus der Mühle

1 knuspriges Baguette

Das Öl in einem Schmortopf erhitzen und darin die Zwiebel 5 Minuten glasig dünsten. Karotte und Sellerie dazugeben und 5 Minuten andünsten.

Die Haxe, 1½ l Wasser und das Lorbeerblatt hinzufügen und zum Kochen bringen. Dann die Schälerbsen in das kochende Wasser geben und alles bei geschlossenem Deckel 1½ Stunden schmoren lassen.

Sobald sich das Fleisch vom Knochen löst, die Haxe herausnehmen. Sämtliches Fleisch vom Knochen lösen, in große Stücke schneiden und zurück in den Schmortopf geben. Salzen, pfeffern und mit knusprigem Baguette servieren.

Sprossen-Reis-Salat mit Krabben

Um 180 g gekochten Reis zu erhalten, verwenden Sie 65 g rohen Reis. Wählen Sie für dieses Gericht eine körnige Reissorte.

Für 4 Personen
Zubereitungszeit: 30 Minuten
Garzeit: 5 Minuten

1 EL Erdnussöl
300 g rohe Krabben
180 g gekochten Jasminreis
100 g Sojasprossen
50 g Mungobohnensprossen
3 Frühlingszwiebeln, in feine Ringe geschnitten
200 g Cherrytomaten, halbiert
50 g getrocknete Sojabohnen, geröstet (ersatzweise geröstete Erdnüsse)
15 g Koriandergrün
10 g Pfefferminzblätter
1 rote Chili, fein gehackt

Dressing:
1 EL milde Chilisauce
1 EL Sojasauce
1 EL Limettensaft
½ TL Sesamöl

Das Erdnussöl in einer Pfanne erhitzen und die Krabben bei mittlerer Hitze darin andünsten. Sobald sie sich rosa färben, aus der Pfanne nehmen und auf Küchenpapier abtropfen lassen.

Reis, Sojasprossen, Mungobohnensprossen, Frühlingszwiebeln, Tomaten, geröstete Sojabohnen, Koriander, Minze, Chili und Krabben in einer großen Schüssel mischen,

Die Zutaten zum Dressing verrühren, über den Salat geben, gut umrühren und servieren.

Linsen-Cashew-Brot

Bei diesem Rezept können Sie zwischen braunen und grünen Linsen wählen. Grüne Puylinsen eignen sich jedoch nicht, da sie zu trocken sind und sich nicht gut mit den anderen Zutaten verbinden. Die Kochzeit der Linsen hängt von ihrem Alter ab: Je älter sie sind, desto länger benötigen sie zum Garen.

Für 6 bis 8 Personen
Zubereitungszeit: 30 Minuten
Garzeit: 1 Stunde 40 Minuten

250 g Linsen
1 EL Olivenöl
1 Zwiebel, fein gehackt
1 Karotte, fein gerieben
200 g Blumenkohl, fein gehackt
1 TL Currypulver
45 g Weizenkeime
50 g Vollkorn-Paniermehl
60 g geröstete Cashewkerne, grob gehackt
2 EL aromatische Kräuter (Pfefferminze, Koriander oder andere), gehackt
1 Ei, verklopft
1 EL Zitronensaft
Butter für die Form

Den Ofen auf 180 Grad vorheizen. Eine Kastenform (21 x 14 cm) sparsam buttern und mit Backpapier auskleiden.

Die Linsen in 1 l Wasser 1 Stunde 40 Minuten garen, gut abtropfen lassen.

Das Öl in einer Pfanne erhitzen und die Zwiebel bei mittlerer Hitze darin andünsten. Karotte, Blumenkohl, Currypulver und 3 EL Wasser dazugeben und köcheln lassen, bis der Blumenkohl weich ist; falls nötig, noch etwas Wasser nachgießen.

Die Linsen mit Gemüse, Weizenkeimen, Paniermehl, Cashewkernen, Kräutern, Ei und Zitronensaft in einer großen Schüssel sorgfältig mischen. Die Masse in die vorbereitete Form geben und mit Alufolie oder Backpapier bedeckt 30 Minuten im Ofen backen. Das Papier entfernen und das Brot weitere 10 Minuten backen. Das Brot aus dem Ofen nehmen, etwas abkühlen lassen und aus der Form heben.

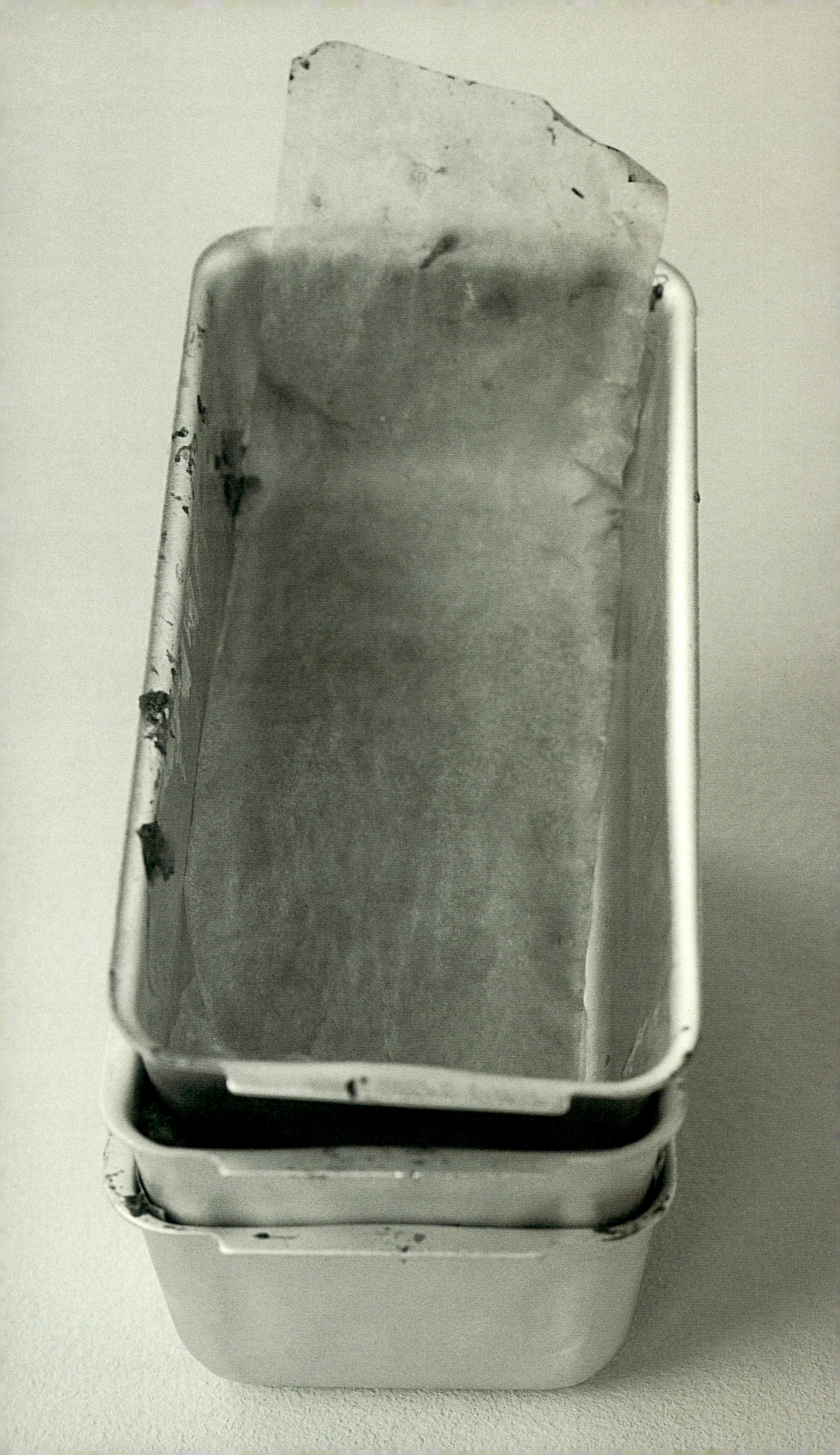

Reisfrikadellen mit Schnittlauch

Arborio ist eine stärkereiche italienische Reissorte, die man bevorzugt zu Risotto verarbeitet. Sie vermag viel Flüssigkeit aufzunehmen und ergibt eine cremige Konsistenz, ohne dass die Körner zerfallen.

Für 6 Personen (18 Frikadellen)
Zubereitungszeit: 30 Minuten
Garzeit: 30 Minuten

4 EL Olivenöl
1 EL Butter
1 Zwiebel, gehackt
500 g Arborioreis
125 ml Weißwein
3/4 l Hühnerbrühe
1 EL abgeriebene Zitronenschale
2 EL Schnittlauch, gehackt
2 EL geriebener Parmesan
1 Eiweiß, verklopft
Meersalz und schwarzer Pfeffer aus der Mühle

200 g Räucherlachs in Scheiben
1 Avocado, gewürfelt
100 ml Crème fraîche
Zitronenschnitze

In einem Topf 2 EL Olivenöl und die Butter bei mittlerer Temperatur erhitzen und darin die Zwiebel 5 Minuten andünsten. Den Reis dazugeben und 2 Minuten unter Rühren glasig dünsten. Den Wein hinzugießen und so lange rühren, bis sich die Flüssigkeit auf die Hälfte reduziert hat. Dann die Brühe dazugeben, zum Kochen bringen und den Reis bei niedriger Hitze und geschlossenem Deckel 20 Minuten leise köcheln lassen; nach der Hälfte der Zeit umrühren.

Den Topf vom Herd nehmen, Zitronenschale, Schnittlauch und Parmesan darunterheben und abkühlen lassen. Dann das Eiweiß darunterrühren, salzen und pfeffern. Mit angefeuchteten Händen aus der Masse 18 Frikadellen formen.

Das restliche Olivenöl (2 EL) in einer beschichteten Pfanne erhitzen und die Frikadellen bei mittlerer Temperatur auf jeder Seite 3 Minuten braten, bis sie schön gebräunt und knusprig sind. Mit Räucherlachs, Avocado, Crème fraîche und den Zitronenschnitzen servieren.

Salat von Sonnenblumensprossen mit Mungobohnen und Sesam

Mungobohnen sind eine klassische Zutat der asiatischen Küche. Aus Mungobohnen wird Mehl zur Herstellung von Nudeln gewonnen, man verarbeitet sie aber auch in Desserts und Suppen. Dank ihres schmackhaften Aromas und ihrer festen Konsistenz eignen sie sich außerdem hervorragend für Salate.

Für 4 Personen
Zubereitungszeit: 20 Minuten
Garzeit: 45 Minuten

100 g Mungobohnen
1 Maiskolben (oder 150 g Mais aus der Dose)
3 EL Sesamkörner
2 Karotten, gerieben
100 g Sonnenblumensprossen
3 EL Koriandergrün, gehackt, einige Blättchen als Garnitur

Dressing:
2 EL Vollkornreisessig
1 EL Mirin
1 TL Tamarindenmus
1 TL Sesamöl

Die Mungobohnen in einem Topf mit reichlich Wasser 40 Minuten kochen; nicht länger, da sie sonst zerfallen. Die Bohnen abgießen, unter fließendem Wasser abspülen, abtropfen lassen und beiseitestellen.

Den Maiskolben garkochen, etwas abkühlen lassen und dann die Körner vom Kolben lösen.

Die Mungobohnen in einer großen Schüssel mit Mais, Sesam, Karotten, Sonnenblumensprossen und Koriandergrün vermengen.

Die Zutaten zum Dressing verrühren und über den Salat gießen, gut mischen. Den Salat mit einigen Korianderblättern garniert servieren.

1/4 CUP

Ricotta-Spinat-Cake mit Roten Linsen

Rote Linsen garen so schnell, dass sie zu Mus zerkochen, wenn man nicht aufpasst. Also: Während des Garens am Herd bleiben und immer wieder prüfen. Ein zusätzlicher Tipp: Die Form mit Olivenöl fetten.

Für 4 bis 6 Personen
Zubereitungszeit: 1 Stunde
Garzeit: 30 Minuten

400 g getrocknete Rote Linsen
2 EL Olivenöl
2 rote Zwiebeln, gehackt
2 EL Balsamicoessig
200 g Spinat
250 g frischer Ricotta
½ EL Rosmarin, gehackt
½ EL Salbei, fein geschnitten
1 EL Zitronensaft
2 Eier, verklopft
1 TL frisch gemahlener schwarzer Pfeffer
50 g Semmelbrösel
35 g Parmesan, fein gerieben
Olivenöl für die Form

Den Ofen auf 180 Grad vorheizen. Eine flache Auflaufform (10 x 23 cm) dünn mit Olivenöl ausstreichen und mit Backpapier auslegen.

Die Linsen in einem großen Topf in 1 Liter Wasser zum Kochen bringen, dann bei niedriger Temperatur 10 bis 20 Minuten leise köcheln lassen.

Das Olivenöl bei mittlerer Temperatur in einer Pfanne erhitzen und die Zwiebeln darin 10 Minuten andünsten. Den Essig hinzufügen und weitere 2 Minuten dünsten, bis die Zwiebeln karamellisieren. Abkühlen lassen.

Den Spinat waschen und grob zerkleinern; in einem Topf in wenig Wasser bei mittlerer Hitze 3 bis 5 Minuten dünsten, bis er zusammenfällt. Den Topf vom Herd nehmen und den Spinat lauwarm abkühlen lassen, dann mit den Händen das überschüssige Wasser gründlich ausdrücken.

Linsen, Zwiebeln und Spinat mit Ricotta, Rosmarin, Salbei, Zitronensaft, Eiern, Pfeffer, Semmelbröseln und der Hälfte des Parmesans in einer Schüssel gut vermengen. Die Mischung in die vorbereitete Form füllen und mit dem verbliebenen Parmesan bestreuen. 35 Minuten im Ofen backen. Den Cake vor dem Aufschneiden lauwarm abkühlen lassen.

Bohnensuppe mit Ei und Schinken

Schwarze Bohnen sind in Mittel- und Südamerika nicht vom Speisezettel wegzudenken. Oft serviert man sie auch gebraten. Sie lassen sich durch Rote Bohnen ersetzen. Dieses Rezept ist von der berühmten mexikanischen Bohnensuppe inspiriert. Der mitgekochte Schinkenknochen gibt der Suppe ein schönes, kräftiges Aroma.

Für 4 Personen
Zubereitungszeit: 15 Minuten
Einweichzeit: über Nacht
Garzeit: 1 Stunde 10 Minuten

200 g getrocknete Schwarze Bohnen
1 EL Olivenöl
1 Zwiebel, fein gehackt
1 Karotte, gewürfelt
1 Stange Sellerie, gewürfelt
1 grüne Chili, entkernt und gehackt
1 Schinkenknochen (ohne Fleisch)
1 l Hühnerbrühe
400 g Tomaten, klein gewürfelt
1 Lorbeerblatt
1 EL Melasse
Meersalz und schwarzer Pfeffer aus der Mühle

2 hart gekochte Eier, halbiert
2 EL Basilikum, gehackt

Die Bohnen über Nacht in kaltem Wasser einweichen, abgießen und kalt abspülen.

Das Öl in einem großen Topf erhitzen, darin die Zwiebel 5 Minuten anbräunen. Dann Karotte, Sellerie und Chili dazugeben und alles weitere 5 Minuten dünsten.

Den Schinkenknochen, die Brühe, ½ l Wasser, die Tomaten und das Lorbeerblatt hinzufügen und zum Kochen bringen. Die Bohnen in die kochende Flüssigkeit geben und alles bei geschlossenem Deckel 1 Stunde kochen lassen. Das Fleisch sollte sich dann allmählich vom Knochen lösen. Den Schinken und das bereits abgelöste Fleisch herausnehmen, sämtliches Fleisch vom Knochen lösen und wieder zurück in den Topf geben.

Die Melasse hinzufügen, salzen und pfeffern. Die Suppe in Schalen verteilen und auf jede Portion eine Eihälfte geben. Mit Basilikum bestreut servieren.

Kichererbsen-kroketten mit Rohschinken

Dieses Gericht lässt sich variieren, indem man die Kichererbsen durch getrocknete Bohnen – egal welcher Art – ersetzt. Die Kroketten schmecken kalt ebenso wie warm köstlich.

Für 4 Personen (8 Kroketten)
Zubereitungszeit: 30 Minuten
Garzeit: 25 Minuten

1 EL Olivenöl
1 Zwiebel, fein gehackt
1 Kartoffel, geschält und gerieben
1 TL gemahlener Kümmel
100 g Rohschinken, gehackt
400 g Kichererbsen aus der Dose, abgespült, abgetropft und püriert
4 EL Mehl
½ TL Backpulver
1 EL Petersilie, gehackt
1 Ei, verklopft
Olivenöl zum Braten

400 g Spargel, im Dampf gegart und in 5 cm lange Stücke geschnitten
100 g Sonnenblumensprossen
1 kleine Fenchelknolle, fein geschnitten

Sauce:
1 EL Olivenöl
1 TL Sesamöl
1½ EL Reisessig
2 EL Limettensaft
1 TL Tahini (Sesampaste)
1 TL Gerstenmiso (Mugi Miso)

In einer beschichteten Pfanne das Öl erhitzen und die Zwiebel darin bei mittlerer Hitze 5 Minuten anbräunen. Die geriebene Kartoffel, den Kümmel und den Rohschinken dazugeben und alles 5 Minuten andünsten; anschließend in eine Schüssel geben. Das Kichererbsenpüree, Mehl, Backpulver, Petersilie und Ei daruntermischen und mit angefeuchteten Händen aus dem Teig 8 Kroketten formen. Bei mittlerer Hitze in Olivenöl auf jeder Seite etwa 5 Minuten braten.

Die Spargelstücke, die Sonnenblumensprossen und den Fenchel in eine Salatschüssel geben. Die Zutaten zur Sauce verrühren, zum Salat geben und gut mischen. Die Kroketten zusammen mit dem Salat anrichten.

Bulgurkroketten mit Salat und Honignüssen

Wenn man Bulgur landläufig als »gemahlenen Weizen» bezeichnet, ist das nicht ganz korrekt. Denn für die Herstellung von Bulgur wird der Weizen zuerst in mehreren Durchgängen über Dampf gegart, getrocknet, gesiebt, geschält und dann erst grob oder fein gemahlen. Da er von der Schale befreit ist, muss man Bulgur zum Garen nur noch in kochendem Wasser ziehen lassen. Normaler geschroteter Weizen muss hingegen 20 Minuten kochen, um gar zu werden.

Für 4 Personen
Zubereitungszeit: 30 Minuten
Garzeit: 45 Minuten

90 g Bulgur
500 g Süßkartoffeln, geschält und gerieben
1 rote Zwiebel, gerieben
1 Knoblauchzehe, gepresst
100 g Feta, zerbröselt
2 Eier, verklopft
2 EL Pfefferminze, gehackt
2 EL Dill, gehackt
80–100 g Reismehl
Olivenöl zum Braten

2–3 EL dünnflüssiger Honig
250 g Haselnusskerne
½ TL Fünf-Gewürze-Pulver
200 g gemischter Salat
¼ l Naturjoghurt

Den Bulgur in eine Schüssel geben, mit ¼ l kochendem Wasser übergießen und 15 Minuten ziehen lassen, bis die Flüssigkeit vollständig aufgesaugt ist. Den Bulgur sorgfältig mit den geriebenen Süßkartoffeln, Zwiebel, Knoblauch, Feta, Eiern, Minze, Dill und Reismehl vermischen. Aus der Masse mit angefeuchteten Händen 4 Kroketten formen.

Öl in der Pfanne erhitzen und die Kroketten auf jeder Seite 3 Minuten braten; auf Küchenpapier abtropfen lassen.

Inzwischen in einer zweiten Pfanne den Honig erhitzen, die Haselnüsse dazugeben und 3 Minuten im Honig rösten. Dann das Fünf-Gewürze-Pulver dazugeben, die Temperatur etwas erhöhen und die Nüsse unter Rühren weiter rösten, bis alle vollständig mit Honig überzogen sind.

Den Salat auf eine große Servierplatte geben und mit den lauwarmen Nüssen bestreuen. Die Kroketten auf dem Salatbett anrichten und mit Naturjoghurt beträufeln.

Dhal aus Roten Linsen

Das indische Dhal kann man auch aus Schälerbsen oder anderen getrockneten Hülsenfrüchten zubereiten. Für mich passen Rote Linsen am besten zu diesem Gericht – sie garen rasch und besitzen eine herrlich cremige Konsistenz. Bleiben Sie während der Garzeit möglichst in der Nähe des Herds, denn das Wasser kann schnell verdampfen und die Hülsenfrüchte können am Topfboden festbacken.

Für 4 Personen
Zubereitungszeit: 10 Minuten
Garzeit: 35 Minuten

250 g getrocknete Rote Linsen
1 Zwiebel, fein gehackt
1 rote Chili, fein gehackt
2 reife Tomaten, klein gewürfelt
¼ l Kokosmilch
1 TL gemahlener Kreuzkümmel
1 TL Korianderpulver
1 TL Garam Masala
½ TL Kurkuma

2 EL Erdnussöl
1 TL Fenchelsamen
1 TL braune Senfsamen
1 rote Zwiebel, gehackt
10 Blätter Currykraut
1 TL Salz

Die Linsen mit ½ l Wasser, Zwiebel, Chili, Tomaten, Kokosmilch, Kreuzkümmel, Korianderpulver, Garam Masala und Kurkuma zum Kochen bringen und dann bei reduzierter Hitze 25 Minuten köcheln lassen, bis sie weich sind.

Das Öl in einer Pfanne erhitzen, Fenchel- und Senfsamen darin anrösten, bis sie springen. Dann die rote Zwiebel und das Currykraut dazugeben und bei mittlerer Hitze weiter dünsten, bis die Zwiebel angebräunt und weich ist. Zu den Linsen geben und alles zusammen nochmals 5 Minuten kochen lassen. Salzen und sofort servieren.

Saubohnen-Reis-Salat mit Lachs

Roten Reis habe ich vor acht Jahren in Sri Lanka entdeckt, und ich wundere mich, dass er in der übrigen Welt so wenig bekannt ist. In Sri Lanka serviert man ihn zu jeder Mahlzeit. Der Name kommt nicht von ungefähr: Diese Reissorte besitzt tatsächlich rote Körner, die sich allerdings beim Kochen etwas öffnen und einen weißen Kern freigeben. Roten Reis findet man in indischen Lebensmittelgeschäften und in Asienläden; notfalls kann man ihn durch Camarguereis ersetzen.

Für 4 Personen
Zubereitungszeit: 35 Minuten
Garzeit: 30 Minuten

200 g roter Reis
200 g frische oder tiefgekühlte Saubohnen, geschält
2 Frühlingszwiebeln, gehackt
1 EL getrocknete Wakamealgen, nach Belieben, 5 Minuten in 4 EL kochendem Wasser eingeweicht
2 EL geröstete Erdnüsse, grob gehackt
25 g Koriandergrün
2 EL Mirin
2 EL Ketjap Manis oder Sojasauce
2 frische Lachsfilets

Dressing:
1 rote Chili, entkernt und in lange Streifen geschnitten
1 EL geriebener Palmzucker oder Rohzucker
2 EL thailändische Fischsauce (nam pla)
2 EL Limettensaft
2 TL Reisessig

Den Reis in 1 l Wasser in einem Topf zum Kochen bringen und 20 Minuten köcheln lassen, bis er gar, aber noch bissfest ist. Durch ein Sieb abgießen und unter fließendem kaltem Wasser abkühlen, abtropfen lassen und in eine große Schüssel geben.

In einem zweiten Topf ½ l Wasser zum Kochen bringen, die Saubohnen dazugeben und 2 bis 3 Minuten kochen, abgießen und unter kaltem Wasser abschrecken.

Bohnen, Frühlingszwiebeln, Algen, Erdnüsse und Koriandergrün unter den Reis heben.

Mirin und Ketjap Manis in einer Pfanne erhitzen. Sobald die Mischung aufkocht, die Lachsfilets hineinlegen und auf jeder Seite 2 Minuten braten. Herausnehmen, auf einem Teller lauwarm abkühlen lassen, dann in grobe Stücke zerteilen und zum Reissalat geben.

Alle Zutaten zum Dressing verrühren, über den Reissalat geben und gut umrühren. Zum Servieren sollten die Lachsstücke möglichst oben liegen.

CUP
118.3 ml

Moughrabieh-Salat

Moughrabieh ist in der libanesischen Küche ein sehr beliebtes und verbreitetes Gericht. Falls Sie keinen Moughrabieh bekommen, können Sie ihn durch feinkörnigen Instant-Couscous ersetzen. Ob im Salat, in einer Suppe oder im Eintopf – die kleinen Kügelchen schmecken einfach immer.

Für 4 bis 6 Personen
Zubereitungszeit: 20 Minuten
Garzeit: 1 Stunde

500 g Kürbisfleisch, geschält und gehackt
1 EL Olivenöl
2 rote Zwiebeln, fein gehackt
½ TL Jamaika-Chili
300 g Moughrabieh (libanesischer Couscous)
400 g Kichererbsen aus der Dose, abgespült und abgetropft
2 EL Rosinen
2 EL geschälte Mandeln, grob gehackt
2 EL Kokosraspeln
25 g Koriandergrün, gehackt
25 g Pfefferminze, gehackt

Dressing:
1 EL fein gewürfelte, in Salzlake eingelegte Zitrone (erhältlich in arabischen Lebensmittelgeschäften)
2 Knoblauchzehen, gepresst
1 TL Zimt
½ TL gemahlener Nelkenpfeffer
2 EL dünnflüssiger Honig
2 EL Zitronensaft
2 EL Olivenöl

Naturjoghurt
Harissa

Den Ofen auf 200 Grad vorheizen. Den Kürbis 20 Minuten im Ofen garen.

In einer Pfanne bei mittlerer Temperatur 1 EL Öl erhitzen, Zwiebeln und Chili darin 10 Minuten andünsten, bis die Zwiebel karamellisiert.

Das Moughrabieh 10 bis 15 Minuten in reichlich Wasser kochen, abgießen, dann die Zwiebeln, den Kürbis, Kichererbsen, Rosinen, Mandeln, Kokosraspeln, Koriandergrün und Minze hinzufügen und alles vorsichtig mischen.

Alle Zutaten zum Dressing verrühren. Das Dressing über das Couscous geben und gut vermischen. Den Moughrabieh-Salat mit Naturjoghurt und Harissa servieren.

Ziegenkäsesalat mit Roter Bete, Linsen und Spinat

Linsen haben viele Vorzüge. Nicht nur, dass man sie vor dem Kochen nicht einweichen muss – sie garen auch schneller als andere getrocknete Hülsenfrüchte. Man kann getrocknete Linsen durch Linsen aus der Dose ersetzen, doch diese werden beim Kochen schnell breiig.

Für 4 Personen
Zubereitungszeit: 20 Minuten
Garzeit: 40 Minuten

200 g braune Tellerlinsen
300 g rohe Rote Bete (Randen)
100 g Spinatsprossen
35 g Kürbiskerne
200 g frischer Ziegenkäse, zerbröselt
1 Avocado, in Stücke geschnitten
50 g Rucolasprossen

Dressing:
3 EL Olivenöl extra vergine
1 TL Dijonsenf
1 TL dünnflüssiger Honig
2 EL Zitronensaft
1 Knoblauchzehe, gepresst

Die Linsen in einem Topf mit Wasser bedeckt zum Kochen bringen, anschließend bei reduzierter Hitze 40 Minuten leise köcheln lassen. Nicht länger kochen, da sie sonst zerfallen. Abgießen, gut abtropfen und abkühlen lassen.

Die Rote Bete in reichlich Wasser garkochen, abgießen und lauwarm abkühlen lassen, dann schälen und vierteln.

Die Linsen in einer Schüssel mit der Roten Bete, den Spinatsprossen und den Kürbiskernen mischen.

Die Zutaten zum Dressing verrühren und über den Salat geben. Den Salat in Schälchen verteilen, mit dem zerbröselten Ziegenkäse und den Avocadostücken bestreuen und mit den Rucolasprossen garnieren. Sofort servieren.

Halloumi mit Amarant-Taboulé und grünen Bohnen

Amarant ist ein feinkörniges, weißes Getreide mit intensivem Aroma, das sich für Suppen und – wie in diesem Rezept – für Salate eignet. Man muss es nach dem Kochen gut abtropfen lassen, da es sonst leicht verklebt. Amarant ist nicht ganz billig. Bei diesem Rezept können Sie die Hälfte der angegebenen Menge durch Bulgur ersetzen.

Für 4 Personen
Zubereitungszeit: 25 Minuten
Garzeit: 40 Minuten

110 g Amarant
200 g grüne Bohnen, im Dampf gegart
100 g Cherrytomaten, halbiert
400 g Limabohnen aus der Dose, abgespült und abgetropft
2 EL Kapern
100 g entsteinte grüne Oliven, halbiert
25 g Pfefferminze, grob gehackt
30 g glattblättrige Petersilie, gehackt

Dressing:
1 Knoblauchzehe, gepresst
1 TL Dijonsenf
2 EL Zitronensaft
2 EL Olivenöl extra vergine

500 g Halloumi, in dicke Scheiben geschnitten

Den Amarant 35 Minuten in ¼ l kaltem Wasser einweichen, bis die Körner aufgequollen sind. Unter fließendem kaltem Wasser abspülen und gut abtropfen lassen.

Den Amarant mit den grünen Bohnen, den Tomaten, den Limabohnen, Kapern, Oliven, Pfefferminze und Petersilie in einer Schüssel mischen.

Die Zutaten zum Dressing verrühren, über den Salat geben und gut vermischen.

Die Halloumischeiben in einer beschichteten Pfanne ohne Fett auf jeder Seite 3 Minuten anbräunen und zusammen mit dem Salat servieren.

Champignon-Kamut-Würfel mit Nüssen

Kamut gehört zur Familie der Durumweizenarten (Hartweizen) und zählte bei den alten Ägyptern zu den Grundnahrungsmitteln. Heute erfreut sich das Getreide wieder wachsender Beliebtheit – besonders bei Menschen, die unter einer Weizenallergie leiden.

Für 6 Personen
Zubereitungszeit: 20 Minuten
Garzeit: 45 Minuten

200 g Kamut
2 EL Olivenöl
2 Knoblauchzehen, gepresst
500 g frische Champignons, gehackt
200 g Cashewkerne, trocken geröstet
200 g Mandeln, blanchiert
100 g Parmesan, fein gerieben
1 Ei, verklopft
3 Frühlingszwiebeln, gehackt
2 EL frischer Thymian, gehackt
80 g Semmelbröseln aus Vollkornbrot

200 g große Cherrytomaten, geviertelt
100 g Radieschen- und Alfalfasprossen
2 TL Weißweinessig
2 EL Olivenöl extra vergine
Butter für die Form

Den Ofen auf 180 Grad vorheizen. 6 kleine Auflaufformen (10 x 6 cm) fetten und mit Backpapier auskleiden.

Den Kamut 40 Minuten in reichlich Wasser kochen, abgießen und gut abtropfen lassen.

Das Öl in einer Pfanne erhitzen, Knoblauch und Champignons darin 5 Minuten andünsten, bis das aus den Pilzen ausgetretene Wasser verdampft ist und die Pilze schön angebräunt sind. Die Pilze zusammen mit den Cashewkernen und den Mandeln in der Küchenmaschine fein hacken. In einer großen Schüssel mit Kamut, Parmesan, Ei, Frühlingszwiebeln, Thymian und Semmelbröseln mischen und mit den Händen gut verkneten. Die Masse in die Formen füllen und 45 Minuten im Ofen backen. Die Tomaten und die Sprossen in einer Schüssel mischen. Essig und Öl verrühren und unter den Salat mischen. Die Kamutwürfel mit dem Sprossensalat belegt servieren.

Weinblätter mit Hirse-Tomaten-Füllung

Hirse ist eine glutenfreie Getreidesorte, die besonders in Afrika, Asien und Russland verbreitet ist. Die kleinen Hirsekörner saugen während des Kochens viel Flüssigkeit auf; deshalb sollte man sie nicht aus den Augen lassen und nötigenfalls Flüssigkeit nachgießen.

Für 12 Weinblätter
Zubereitungszeit: 20 Minuten
Garzeit: 40 Minuten

½ l passierte Tomaten
100 g Hirse
1 EL Olivenöl
1 TL Fenchelsamen
1–2 EL Rosinen
25 g getrocknete Tomaten, fein gehackt
2 EL gehackter Dill
2 EL geröstete Pinienkerne
12 mittelgroße Weinblätter

Joghurtsauce:
125 ml griechischer Naturjoghurt
1 TL abgeriebene Zitronenschale
1 TL Zitronensaft
1 EL Pfefferminze, gehackt

Die Tomatensauce in einem Topf zum Kochen bringen. Die Hirse dazugeben und 30 bis 40 Minuten kochen, abgießen und abkühlen lassen.

Das Olivenöl in einer Pfanne erhitzen und die Fenchelsamen darin anrösten, dann die Rosinen dazugeben und so lange schmoren, bis sie aufquellen. Hirse, Rosinen, Fenchelsamen, getrocknete Tomaten, Dill und Pinienkerne in einer großen Schüssel mischen.

Die Weinblätter auf der Arbeitsfläche auslegen, auf jedes 1 EL Füllung geben, den linken und rechten Rand darüberklappen und das Blatt einrollen. Die gefüllten Weinblätter auf eine Servierplatte legen.

Die Zutaten zur Joghurtsauce verrühren und zu den gefüllten Weinblättern reichen.

Hirse-Kürbis-Törtchen

Hirse ist ein anpassungsfähiges Getreide, das sich zu vielen Gerichten verarbeiten lässt: zu Salaten, Suppen, Kroketten oder anstelle von Reis als Beilage. Da Hirse sehr saugfähig ist (5 Teile Flüssigkeit auf 1 Teil Hirse), sollte man das Getreide während des Kochens gut im Auge behalten. Da Hirse stark quillt, soll Sie die kleine Menge roher Hirse nicht täuschen.

Für 6 Personen
Zubereitungszeit: 20 Minuten
Ruhezeit: 10 Minuten
Garzeit: 1 Stunde 30 Minuten

80 g Hirse
100 g Quinoa
700 g Kürbisfleisch, geschält, in Scheiben geschnitten
400 g Canellinibohnen aus der Dose, abgespült und abgetropft
1 EL Tamarindenmus
1 Ei, verklopft
2 EL Rote-Linsen-Sprossen
1 EL geröstete Sesamkörner
50 g gemischte Sprossen
1 rote Paprika (Peperoni), in feine Streifen geschnitten
2 Stangen Sellerie, in feine Streifen geschnitten
Butter für die Form

Dressing:
1 EL Tahini (Sesampaste)
2 EL Reisessig
2 EL Tamarindenmus
1 TL Sesamöl

Den Ofen auf 200 Grad vorheizen. Mehrere kleine Backförmchen oder eine große Form (20 cm Durchmesser) fetten und mit Backpapier auslegen.

Quinoa und Hirse in einer Pfanne ohne Fett bei mittlerer Hitze 5 Minuten rösten, bis sie schön gebräunt sind. Zusammen mit 1 l Wasser in einen Topf geben, zum Kochen bringen und dann bei mittlerer Temperatur 40 Minuten köcheln lassen, bis die Flüssigkeit vollständig aufgesaugt ist.

Den Kürbis 40 Minuten im Ofen backen. Anschließend zusammen mit den Canellinibohnen pürieren. Das Püree in einer großen Schüssel mit dem Getreide, der Tamarinde, dem Ei und den Rote-Linsen-Sprossen gut vermischen. Diese Mischung in die Form oder die Formen füllen, mit den Sesamkörnern bestreuen und 40 Minuten im Ofen backen. Aus dem Ofen nehmen, 10 Minuten abkühlen lassen, dann aus der Form lösen.

Die gemischten Sprossen mit den Paprika- und Selleriestreifen mischen.

Die Zutaten zum Dressing verrühren und über den Salat geben, gut mischen und zu den Törtchen servieren.

Snacks

Falafel

In diesem Rezept werden die Falafel mit getrockneten Kichererbsen statt mit Saubohnen zubereitet. Dieses Rezept habe ich vor vielen Jahren entdeckt, als ich in Israel lebte, wo man Falafel an jeder Straßenecke bekommt – serviert in Pitabrot mit Hummus und Salat. In ihrer ursprünglichen Heimat Ägypten bereitet man Falafel noch heute aus Saubohnen zu. Mein Tipp: Wenn der Teig schlecht bindet, geben Sie einige Löffel in Wasser aufgelöstes Stärkemehl dazu.

Für 36 Stück
Zubereitungszeit: 10 Minuten
Einweichzeit: über Nacht
Ruhezeit: 2 x 30 Minuten
Garzeit: 5 Minuten

250 g getrocknete Kichererbsen
1 rote Zwiebel, gerieben
1 Knoblauchzehe, gepresst
15 g glattblättrige Petersilie, gehackt
1 TL gemahlener Kreuzkümmel
1 TL Korianderpulver
¼ TL Backpulver
Sonnenblumenöl zum Ausbacken

Die Kichererbsen in reichlich kaltem Wasser über Nacht einweichen. Abgießen, unter fließendem kaltem Wasser abspülen und abtropfen lassen. Die Kichererbsen in der Küchenmaschine pürieren. Zwiebel, Knoblauch, Petersilie, Kreuzkümmel, Koriander und Backpulver dazugeben und alles gut vermischen; 30 Minuten ruhen lassen.

Aus jeweils etwa einem gehäuften Esslöffel der Masse Bällchen formen und diese auf ein mit Backpapier belegtes Blech setzen. Zugedeckt weitere 30 Minuten ruhen lassen.

In einer tiefen Pfanne reichlich Öl erhitzen und die Falafel darin in mehreren Portionen jeweils 3 bis 5 Minuten frittieren, bis sie appetitlich gebräunt, knusprig und durchgegart sind. Die fertig gebratenen Falafel bis zum Servieren im vorgeheizten Ofen warm stellen.

Kichererbsen nach Cajunart

Die Kichererbsen werden knuspriger, wenn Sie sie vor dem Frittieren eine ganze Nacht durchziehen lassen. Auch Kichererbsen aus der Dose bleiben relativ fest, wenn man sie nach dem Abspülen gündlich abtropfen lässt. Diese Kichererbsen nach Cajunart ergeben eine perfekte Knabberei zum Aperitif.

Für 6 Personen als Snack
Zubereitungszeit: 10 Minuten
Garzeit: 5 Minuten

800 g Kichererbsen aus der Dose
2 Knoblauchzehen, gepresst
2 TL gemahlener Kreuzkümmel
2 TL Korianderpulver
½ TL Chilipulver
2 EL geräuchertes Paprikapulver
2 EL weißer Pfeffer
2 EL getrockneter Thymian
½ TL getrockneter Oregano

Sonnenblumenöl zum Ausbacken

Die Kichererbsen abspülen, gründlich abtropfen lassen und auf Küchenpapier ausbreiten.

Alle übrigen Zutaten in einer großen Schüssel gut vermischen, die Kichererbsen dazugeben und umrühren, bis sie rundherum mit der Würzmischung überzogen sind. Wenn möglich über Nacht durchziehen lassen.

In einer Pfanne Öl erhitzen und die Kichererbsen darin knusprig-braun frittieren. Auf Küchenpapier abtropfen lassen.

Hummus

Wenn Sie sich das Einweichen und das lange Garen getrockneter Kichererbsen ersparen möchten, verwenden Sie für dieses Gericht zwei Dosen à 400 g. Spülen Sie die Kichererbsen gründlich ab und lassen Sie sie gut abtropfen. Beim Pürieren nötigenfalls noch etwas Wasser dazugeben, um eine cremige Konsistenz zu erreichen. Und achten Sie darauf, dass die Tahinipaste aus geschältem(!) Sesam hergestellt ist. Tahini aus ungeschältem Sesam wäre für dieses Gericht viel zu geschmacksintensiv und würde die anderen Zutaten überdecken.

Für 400 g Hummus
Zubereitungszeit: 20 Minuten
Einweichzeit: über Nacht
Garzeit: 2 Stunden

250 g getrocknete Kichererbsen
½ TL Salz
1 TL gemahlener Kreuzkümmel
2 EL Zitronensaft
2 Knoblauchzehen
3 EL Tahini aus geschältem Sesam
Paprikapulver

Die Kichererbsen in reichlich kaltem Wasser über Nacht einweichen, abgießen, abspülen und abtropfen lassen.

Die Kichererbsen in einem großen Topf mit reichlich Wasser 2 Stunden bei mittlerer Hitze zu einem dicken Brei kochen. Falls nötig, Wasser nachgießen.

Die Kichererbsen in die Rührschüssel der Küchenmaschine geben, Salz, Kreuzkümmel, Zitronensaft, Knoblauch und Tahinipaste hinzufügen, 125 ml Wasser dazugeben und alles zu einem dicklichen, cremigen Brei pürieren. Das Hummus mit Paprikapulver bestreut servieren.

Quesadillas mit Schwarzen Bohnen

Verwechseln Sie die schwarzen Black-Turtle-Bohnen nicht mit schwarzen Sojabohnen. Black-Turtle-Bohnen erkennt man an der matten schwarzen Schale und dem cremeweißen Inneren. Gesalzene Schwarze Bohnen sind in Südamerika und der Karibik sehr verbreitet, eignen sich für dieses Gericht jedoch nicht.

Für 4 Personen
Zubereitungszeit: 30 Minuten
Einweichzeit: 4 Stunden oder über Nacht
Garzeit: 1 Stunde 15 Minuten

180 g getrocknete schwarze Black-Turtle-Bohnen
1 Zwiebel, gehackt
1 grüne Paprika (Peperoni), klein geschnitten
1 Lorbeerblatt
3 EL Olivenöl
2 Knoblauchzehen, gepresst
1 Jalapeño-Chili, entkernt und gehackt
100 g Spinatsprossen
12 Mais- oder Weizentortillas
125 g geriebener Cheddar oder Gruyère

Die Schwarzen Bohnen in reichlich kaltem Wasser mindestens 4 Stunden, besser über Nacht einweichen. Abgießen, abspülen und abtropfen lassen.

Die Bohnen mit Zwiebel, Paprika und Lorbeerblatt in einem Topf mit ¾ l Wasser zum Kochen bringen und 1 Stunde kochen lassen. Wenn die Bohnen gar sind, die Flüssigkeit abgießen und die Bohnen zu einem groben Püree zerstampfen.

1 EL Öl in einer Pfanne erhitzen, Knoblauch, Chili und das Bohnenpüree dazugeben und 3 Minuten andünsten. Die Spinatsprossen darunterheben und noch etwas weiterdünsten, bis die Spinatblätter zusammenfallen.

6 Tortillas auf die Arbeitsfläche legen und die Bohnenfüllung darauf verteilen; dabei rundherum 1 cm Rand freilassen. Den Käse darüberstreuen und die übrigen Tortillas darauflegen.

Das restliche Öl (2 EL) in einer großen Pfanne erhitzen und die Tortillas eine nach der anderen auf jeder Seite 3 Minuten braten, bis sie gut gebräunt und knusprig sind und der Käse schmilzt.

Die fertigen Quesadillas bis zum Servieren im vorgeheizten Ofen bei 180 Grad warm halten.

Pikante Linsen mit Ziegenkäse

Dieses Linsengericht kann man auch als Salat reichen. Der Salat lässt sich im Voraus zubereiten und wird kurz vor dem Servieren nur noch mit den knusprigen Croûtons garniert.

Für 6 Personen
Zubereitungszeit: 20 Minuten
Garzeit: 50 Minuten

50 g Puylinsen
2 EL Olivenöl
2 Zwiebeln, gehackt
¼ TL Chiliflocken
¼ TL gemahlener Zimt
¼ TL Kreuzkümmelpulver
2 TL kleine Pfefferminzblätter
½ Baguette
200 g Ziegenkäse, in Scheiben geschnitten
Kerne von ½ Granatapfel

Die Linsen in einen Topf geben, mit kaltem Wasser bedecken und 30 Minuten bei mittlerer Hitze garkochen; sie sollten noch etwas Biss haben. Abgießen, unter fließendem Wasser abspülen und abtropfen lassen.

Das Öl in einer Pfanne erhitzen und die Zwiebeln bei mittlerer Hitze 10 Minuten dünsten, bis sie karamellisieren. Die abgetropften Linsen, Chiliflocken, Zimt und Kreuzkümmel dazugeben und weitere 3 Minuten dünsten, so dass sich die Aromen der Gewürze entfalten. Die Pfanne vom Herd nehmen und die Minzeblätter darunterheben.

Das Baguette in dicke Scheiben schneiden, jede Scheibe mit einer Scheibe Ziegenkäse belegen, die Linsenmischung darauf verteilen und das Ganze mit Granatapfelkernen garnieren.

Popcorn mit Pfeffer und Salz

Popcorn ist nicht nur der ideale Kino-Snack. Das folgende Rezept habe ich erfunden, als ich eines Tages in meiner Küche experimentierte und am Ende eine Pfeffer-Salz-Mischung und eine Schüssel Mais übrig hatte. Hier ist das Ergebnis – und ich wette, dass Sie mehr als nur einmal zugreifen werden.

Für 6 Personen
Zubereitungszeit: 15 Minuten
Garzeit: 15 Minuten

1½ EL Salz
1½ EL ganze weiße Pfefferkörner
½ EL Puderzucker
2 EL Olivenöl
225 g Popcorn-Mais
50 g Butter, geschmolzen

Salz, Pfeffer und Puderzucker im Mörser oder in der Gewürzmühle zu feinem Pulver mahlen. Die Würzmischung in eine Schüssel geben.

Das Öl bei mittlerer Temperatur in einem großen Topf erhitzen, den Mais hineingeben, den Topf zudecken und regelmäßig durchschütteln, sobald die ersten Maiskörner »aufspringen«; so brennt das Popcorn nicht am Topfboden an und alle Maiskörner haben die Chance, sich zu öffnen.

Das Popcorn in eine große Schüssel geben, mit der geschmolzenen Butter übergießen und mit der Pfeffer-Salz-Mischung bestreuen. Gut mischen, so dass es rundherum von der Würzmischung überzogen ist.

Desserts

Polentawürfel mit Rum und Rosinen

Der Vorteil dieses Desserts liegt darin, dass man es gut vorbereiten und vor dem Ausbacken eine Weile im Kühlschrank aufbewahren kann. Ich serviere dazu gerne frisches Obst oder Eis. Noch ein Tipp: Das Öl sollte nicht allzu stark erhitzt werden – sonst wird die Kruste zu dunkel, bevor das Innere warm ist.

Für 4 Personen
Zubereitungszeit: 30 Minuten
Ruhezeit: 2 Stunden
Garzeit: 1 Stunde

75 g Rosinen
100 ml Rum
100 g Polenta (grobkörnig)
1 Ei, verklopft
2 EL Pinienkerne, geröstet, grob gehackt
2 EL Puderzucker
½ TL Zimt
½ TL Gewürzmischung (Ingwer, Muskatnuss, Jamaika-Pfeffer und gemahlene Nelken)
Butter für die Form
Sonnenblumenöl zum Ausbacken
Puderzucker zum Bestreuen

Die Rosinen in einer Schüssel im Rum einweichen und 2 Stunden ziehen lassen, bis sie sich mit dem Alkohol vollgesogen haben. Eine quadratische Form (Kantenlänge 20 cm) fetten und mit Backpapier auslegen.

¾ l Wasser zum Kochen bringen und unter Rühren den Polentagrieß hineinrieseln lassen. Unter stetem Rühren bei mittlerer Hitze kochen, bis sich der Polentabrei von den Topfwänden löst. Abseits vom Herd das Ei, die Pinienkerne, die Rum-Rosinen-Mischung, den Puderzucker, den Zimt und die Gewürzmischung darunterrühren. Die Masse in die Form füllen und 1 Stunde fest werden lassen.

Nach dem Festwerden die Polenta in etwa 3 cm breite Streifen oder Würfel schneiden. In einer Pfanne bei mittlerer Temperatur Öl erhitzen und die Polentastreifen oder -würfel in mehreren Portionen darin goldbraun ausbacken. Etwas abkühlen lassen und dann mit Puderzucker bestreuen; nach Belieben mit Eis oder Früchten servieren.

Ricotta-Zitrus-Timbales mit Mandeln

Gerstengraupen werden zwar meistens zu salzigen Gerichten verarbeitet, das nahrhafte Getreide eignet sich aber auch hervorragend zur Zubereitung von Süßspeisen. Für dieses Dessert muss man die Graupen sorgfältig abtropfen lassen, sonst zerfällt der Pudding. Sie können eine beliebige Form wählen; ich habe mich hier für eine Dariole-Becherform entschieden.

Für 4 bis 6 Personen
Zubereitungszeit: 15 Minuten
Garzeit: 40 Minuten

170 g Perlgraupen
300 g Ricotta
50 g geschälte Mandeln, geröstet
½ TL Orangenblütenwasser
1 EL dünnflüssiger Honig
½ TL Mandelextrakt
2 rosa Grapefruits, filetiert
2 Orangen, filetiert
Butter für die Form

4 bis 6 kleine Darioleformen dünn ausbuttern.

Die Perlgraupen in einen Topf mit reichlich kaltem Wasser geben, zum Kochen bringen und 40 Minuten köcheln lassen. Gut abtropfen und abkühlen lassen.

Ricotta, Mandeln, Orangenblütenwasser, Honig und Mandelextrakt zu einer homogenen, weichen Masse verrühren. Die Graupen darunterziehen. Die Masse in die vorbereiteten Formen füllen, gut pressen und auf Dessertteller stürzen.

Die Orangen- und Grapefruitfilets mischen und zu den Timbales anrichten.

Quinoa-Aprikosen-Kompott

Quinoa wird in Mittel- und Südamerika wegen seines hohen Eiweißgehalts sehr geschätzt. Ich habe dieses Getreide bei einem Aufenthalt am Titicacasee in einer ganz einfachen Suppe kennengelernt. Quinoa ist gar, sobald sich der kleine schwanzförmige Fortsatz von den Körnern löst.

Für 4 Personen
Zubereitungszeit: 10 Minuten
Garzeit: 40 Minuten

250 g getrocknete Aprikosen, gewürfelt
200 g gedörrte Äpfel, gewürfelt
3/4 l Apfelsaft
1 Zimtstange
Mark von 1 Vanilleschote
100 g Quinoa

Vanillejoghurt

Aprikosen, Äpfel, Apfelsaft, Zimtstange und Vanillemark in einem Topf zum Kochen bringen.

Den Quinoa zusammen mit 375 ml Wasser hinzugeben und 30 bis 40 Minuten köcheln lassen. Die Getreidekörner müssen am Ende der Garzeit durchscheinend und die kleinen Fortsätze verschwunden sein.

Das Quinoa-Kompott warm oder kalt mit Vanillejoghurt servieren.

Japanische Blätterteigpastetchen mit Adzukibohnen

Das aus Adzukibohnen hergestellte Püree nennt man in Japan *an*. Das Mus wird in Japan und China zu Bonbons, Kuchen und vielen anderen Desserts und Süßigkeiten verarbeitet. Man kann es im Voraus zubereiten und in einem luftdichten Behälter aufbewahren.

Für 4 Personen (8 Pasteten)
Zubereitungszeit: 20 Minuten
Garzeit: 50 Minuten

110 g Adzukibohnen
125 g Puderzucker
1 Prise Salz
4 runde Blätterteigplatten aus dem Kühlregal
1 Eigelb, verklopft
1 EL Sesamkörner
Mehl zum Ausrollen

Eiscreme, nach Belieben

Den Ofen auf 180 Grad vorheizen und ein Blech mit Backpapier auslegen.

Die Bohnen unter fließendem kaltem Wasser abspülen, abtropfen lassen. 1,2 Liter kaltes Wasser in einen Topf geben und die Bohnen darin zum Kochen bringen, dann bei niedrigerer Hitze und geschlossenem Deckel 40 Minuten kochen lassen, abgießen.

Die abgetropften Bohnen in der Küchenmaschine oder mit dem Stabmixer zu einem weichen Brei pürieren. Das Bohnenpüree mit dem Puderzucker und dem Salz in einem Topf bei niedriger Temperatur köcheln lassen, bis sich der Zucker aufgelöst hat und das Püree eingedickt ist. Vom Herd nehmen und abkühlen lassen.

Den Blätterteig auf der leicht bemehlten Arbeitsfläche auslegen und daraus 16 Rondellen von jeweils 10 cm Durchmesser ausstechen.

In die Mitte von 8 Teigrondellen jeweils 2 gut gehäufte Esslöffel Bohnenpüree geben, die Teigränder befeuchten, die restlichen 8 Teigrondellen darauflegen und mit den Fingern rundherum gut festdrücken. Die Teigoberfläche mit Eigelb bestreichen und mit Sesamkörnern bestreuen. Die Blätterteigtaschen auf das Backblech geben und 20 Minuten im Ofen backen, bis die Pastetchen aufgegangen und gebräunt sind. Die Pastetchen heiß, nach Belieben zusammen mit Eiscreme, servieren.

Grießpudding mit Datteln

Diese Puddings kann man aus Weizengrieß, aber auch aus Maismehl zubereiten. Sie müssen sofort serviert werden, wenn sie aus dem Ofen kommen, denn der Grieß wird schnell zu fest, wenn man ihn ruhen lässt. Man kann den Grießpudding auch im Voraus zubereiten; dann lässt man ihn in der Form und braucht ihn vor dem Servieren nur noch in der Mikrowelle oder im Wasserbad zu erwärmen.

Für 6 Personen
Zubereitungszeit: 15 Minuten
Garzeit: 45 Minuten

170 ml Maissirup
185 g frische Datteln, entsteint und gehackt
1 l Milch
80 g Puderzucker
40 g Butter, geschmolzen
110 g Grieß (grobkörnig)
125 ml Crème fraîche
Butter für die Förmchen

Schlagrahm, nach Belieben

Den Ofen auf 160 Grad vorheizen und 6 ofenfeste Soufflëförmchen (von je ¼ l Inhalt) dünn ausbuttern.

Den Maissirup und die gehackten Datteln in einem Topf 5 Minuten köcheln lassen, dann die Datteln in die 6 vorbereiteten Förmchen verteilen.

In einem zweiten Topf die Milch mit Puderzucker und Butter bei mittlerer Temperatur erhitzen. Kurz bevor sie zum Kochen kommt, den Grieß hinzugeben und unter ständigem Rühren 15 Minuten aufkochen lassen, bis eine dickliche, cremige Masse entstanden ist. Dann den Topf vom Herd nehmen und die Crème fraîche darunterrühren.

Die Masse in die Auflaufförmchen verteilen, die Oberfläche glattstreichen und die Puddinge 25 Minuten im Ofen backen. Herausnehmen, auf Dessertteller stürzen und nach Belieben mit Schlagrahm servieren.

Schwarzer-Reis-Pudding mit Adzukibohnen und Mango

Dieses Dessert ist in China und Japan sehr beliebt. Adzukibohnen sollen helfen, die Lust auf Süßes zu zügeln, und zudem sollen sie von allen Bohnensorten am leichtesten verdaulich sein.

Für 4 Personen
Zubereitungszeit: 15 Minuten
Einweichzeit: über Nacht
Garzeit: 50 Minuten

190 g schwarzer Klebreis
50 g Adzukibohnen
¼ l Kokosmilch
55 g geriebener Palm- oder Rohzucker
3 EL Kokoscreme
frische Mango, in Scheiben geschnitten

Den Reis in einer großen Schüssel in reichlich kaltem Wasser 8 Stunden einweichen, dann abgießen und gut abtropfen lassen. Mit den Bohnen ebenso verfahren.

Die abgetropften Bohnen in einem mit frischem Wasser gefüllten Topf 40 Minuten kochen lassen.

Den abgetropften Reis mit 1 Liter Wasser zum Kochen bringen und bei reduzierter Hitze 20 Minuten köcheln lassen. Abgießen und gründlich abtropfen lassen.

Die Kokosmilch zusammen mit dem Palmzucker in einem weiteren Topf zum Kochen bringen und einige Minuten köcheln lassen, bis sich der Zucker aufgelöst hat. Die Bohnen und den Reis dazugeben und weitere 10 Minuten bei mittlerer Temperatur kochen.

In Puddingformen füllen, gut pressen und auf Teller stürzen. Mit der Kokoscreme und den Mangoscheiben garniert servieren.

Polenta-Mandel-Kuchen

Aus Polenta zubereitete Kuchen sind naturgemäß körniger als normale aus Mehl. Damit er nicht zu trocken ist, wird dieser Kuchen mit einer fruchtigen Erdbeer-Mascarpone-Creme gefüllt. Wenn Sie eine kalorienärmere Variante bevorzugen, lassen Sie die Cremefüllung weg und reichen Sie dazu einen selbstgemachten Obstsalat und Naturjoghurt.

Für 8 Personen
Zubereitungszeit: 25 Minuten
Garzeit: 50 Minuten

85 g Polenta (feinkörnig)
100 g Mehl
1¼ TL Backpulver
50 g gemahlene Mandeln
1 TL abgeriebene Zitronenschale
125 g Puderzucker
3 Eier, verklopft
3 EL Olivenöl extra vergine
4 EL Limettenkonfitüre
200 g Mascarpone
200 g Erdbeeren, in Stücke geschnitten
Butter für die Form
Puderzucker, nach Belieben

Den Ofen auf 200 Grad vorheizen. Eine quadratische Auflaufform (18 cm Kantenlänge) dünn ausbuttern und mit Backpapier auslegen.

Polentagrieß, Mehl, Backpulver, Mandeln, Zitronenschale und Puderzucker in einer Schüssel gut vermischen. Die Eier mit dem Olivenöl und 3 Esslöffel Limettenkonfitüre schaumig schlagen, unter die Polenta-Mehl-Mischung ziehen.

Den Teig in die Form füllen und im Ofen 10 Minuten bei 200 Grad backen, dann die Temperatur auf 180 Grad reduzieren und den Kuchen weitere 15 Minuten backen.

In der Zwischenzeit den Mascarpone mit der restlichen Limettenkonfitüre (1 EL) verrühren.

Den Kuchen aus dem Ofen nehmen und in der Form auf einem Kuchengitter abkühlen lassen. Dann den Kuchen aus der Form nehmen und horizontal durchschneiden. Die Mascarponecreme auf der unteren Hälfte ausstreichen, die Erdbeeren darauf verteilen, mit der oberen Kuchenhälfte bedecken und leicht andrücken. Nach Belieben mit Puderzucker bestreuen.

Tapioka-Crème-brûlée mit Kokos

Hier eines meiner liebsten Dessertrezepte aus der asiatischen Küche. Man kann den Geschmack mit etwas abgeriebener Orangenschale und einem Teelöffel Orangenblütenwasser verfeinern. Tapioka lässt sich auch durch Sago ersetzen.

Für 4 Personen
Zubereitungszeit: 15 Minuten
Ruhezeit: 4 Stunden
Garzeit: 40 Minuten

90 g Tapioka
½ l Kokosmilch
115 g Rohzucker, zu Puderzucker gemahlen
60 g Kristallzucker

Tapioka mit Kokosmilch, ¾ l Wasser und dem Rohzucker in einem Topf zum Kochen bringen und anschließend bei reduzierter Hitze 40 Minuten köcheln lassen. Die Tapiokaperlen müssen glasig sein; falls nötig, noch etwas Wasser nachgießen.

Die cremige Tapiokamasse in 4 ofenfeste Souffléförmchen verteilen, mit Frischhaltefolie abdecken und 4 Stunden im Kühlschrank ruhen lassen, bis die Creme fest ist.

Den Backofengrill auf höchster Stufe vorheizen. Die Folie von den Förmchen entfernen, die Creme mit dem Kristallzucker bestreuen und diesen 3 bis 5 Minuten unter dem Grill karamellisieren lassen. Aus dem Ofen nehmen und sofort servieren.

Sagocreme mit Kokos und Mango

Sago sind kleine, stärkereiche Kügelchen, die aus dem Mark der Sagopalme gewonnen werden. Sie sind in unterschiedlichen Größen erhältlich; nach der Korngröße richtet sich auch die Garzeit. Sago kann problemlos durch Tapioka ersetzt werden.

Für 4 Personen
Zubereitungszeit: 30 Minuten
Ruhezeit: 4 Stunden
Garzeit: 30 Minuten

100 g Sago
½ l Mangokompott
1–2 Beutel Grüntee
abgeriebene Schale von 1 Limette
1 Vanilleschote, längs halbiert
2 EL geriebener Palmzucker oder fein gemahlener Rohzucker

125 ml Kokoscreme
1 TL Gelatinepulver

frisch aufgeschnittene Mangoscheiben, nach Belieben

Den Sago mit Mangokompott, Teebeuteln, Limettenschale, Vanilleschote, Palmzucker und ¼ l Wasser in einen Topf geben und bei milder Hitze und unter ständigem Rühren erhitzen, bis sich der Zucker aufgelöst hat. Dann unter weiterem ständigem Rühren bei hoher Temperatur zum Kochen bringen. Sobald die Flüssigkeit aufwallt, die Hitze auf mittlere Stufe reduzieren und die Flüssigkeit unter ständigem Rühren 15 bis 20 Minuten köcheln lassen, bis die Sagoperlen glasig sind. Die Teebeutel entfernen.

Die Sagocreme auf 4 Schälchen verteilen.

Die Kokoscreme mit der Gelatine in einem Topf bei mittlerer Temperatur unter ständigem Rühren erhitzen, bis sich das Gelatinepulver aufgelöst hat. Die Kokoscreme über die Sagocreme verteilen. Die Creme 4 Stunden im Kühlschrank fest werden lassen.

Vor dem Servieren nach Belieben mit Mangoscheiben garnieren.

Honig-Grieß-Biskuits

Den Abschluss macht ein berühmter Dessertklassiker aus der griechischen Küche. Grieß wird durch Mahlen von Durumweizen (Hartweizen) gewonnen. Hartweizengrieß spielt auch in der italienischen Küche eine wichtige Rolle und ist bei der Herstellung von Gnocchi und Nudeln unverzichtbar.

Für 12 Personen
Zubereitungszeit: 40 Minuten
Garzeit: 50 Minuten

125 g weiche Butter
125 g Puderzucker
1 TL Vanilleextrakt oder ½ Beutel Bourbonvanillepulver
1 TL Orangenblütenwasser
2 Eier, verklopft
400 g feinkörniger Grieß
1 TL Backpulver
½ TL Natron
175 g Naturjoghurt
50 g Pinienkerne, geröstet

Sirup:
185 ml dünnflüssiger Honig
375 g Puderzucker
2 EL Zitronensaft

Crème fraîche oder griechischer Joghurt

Den Ofen auf 180 Grad vorheizen. Eine flache Form (20 x 30 cm) dünn ausbuttern und mit Backpapier auslegen.

Butter und Puderzucker schaumig schlagen, Vanille, Orangenblütenwasser und die Eier dazugeben und alles gut verrühren. Den Grieß mit Backpulver und Natron sieben und unter die Butter-Zucker-Masse heben; zuletzt den Joghurt daruntermischen.

Den Teig in die Form füllen, glattstreichen und die gerösteten Pinienkerne darauf verteilen; diese leicht andrücken. Den Kuchen im Ofen 30 bis 35 Minuten backen; mit einem Metallspieß prüfen, ob der Teig in der Mitte gar ist.

Inzwischen den Sirup zubereiten: Honig, Puderzucker und Zitronensaft mit 40 ml Wasser in einem Topf bei milder Hitze unter Rühren zum Kochen bringen und köcheln lassen, bis sich der Zucker aufgelöst hat. Den fertig gebackenen Kuchen mit dem Sirup beträufeln und in der Form auskühlen lassen. In Rauten schneiden und mit Creme fraîche oder griechischem Joghurt servieren.

Körner zum Keimen bringen

Wenn Sie nicht über ein spezielles Keimgefäß oder ein Keimgerät verfügen, verwenden Sie große Gläser, die Sie mit einer doppelten Schicht feinem Musselin, mit Frischhaltefolie oder einem Gitter aus Edelstahl abdecken und mit einem Gummiband befestigen. Vor dem Keimen müssen die Körner einige Stunden eingeweicht werden (siehe Tabelle); nehmen Sie dazu 3 Teile Wasser auf 1 Teil Körner. Nach dieser Vorkeimzeit spülen Sie die Körner ab und lassen sie abtropfen. Dann geben Sie sie in den Glasbehälter oder in das Keimgefäß und lassen sie eine Nacht ruhen. Am nächsten Morgen kalt abspülen und gründlich abtropfen lassen. Die mehrstöckigen Keimgeräte besitzen Wasserauffangschalen, die man regelmäßig leeren muss. Bis zur Keimung müssen die Körner täglich gespült und muss das Wasser geleert werden. Gläser stellt man dazu schräg mit der Öffnung nach unten, damit das Wasser abfließen kann.

	Korn	Einweichdauer	Keimdauer
	Alfalfasamen	6 Stunden	6–8 Tage
	Radieschensamen	6 Stunden	4–5 Tage
	Linsen	8 Stunden	6–8 Tage
	Bockshornkleesamen	8 Stunden	6–8 Tage
	Mungobohnen	8 Stunden	3–5 Tage
	Weizen und Kleie	12 Stunden	3–5 Tage
	Adzukibohnen	12 Stunden	3–5 Tage
	Kichererbsen	12 Stunden	3–5 Tage
	Rucolasamen	8 Stunden	6–8 Tage
	Gemischte Samen	12 Stunden	3–5 Tage

Achten Sie darauf, Keimgläser oder Keimgeräte nicht zu überladen, sonst verderben die Körner. Und feuchte, verklumpte Körner keimen nicht. Ideal für eine schnelle Keimung ist ein warmer Ort (18 bis 22 °C). Je stärker die Körner dem Licht ausgesetzt sind, desto langsamer keimen sie. Auch Sprossen und Keimlinge, die nicht grün werden, sind ebenso nährstoffreich, enthalten lediglich kein Chlorophyll.

In einem luftdicht verschlossenen Plastikbeutel oder Glasbehälter halten sich Keimlinge und Sprossen etwa 2 bis 3 Tage.

Hülsenfrüchte richtig kochen

Die Garzeit von Hülsenfrüchten richtet sich nach ihrem Alter. Durch das Einweichen verkürzt sich die Garzeit. Vor dem Einweichen werden sie gründlich abgespült. Wer es eilig hat, kann dann die Hülsenfrüchte, mit kaltem Wasser bedeckt, 2 Minuten kochen, anschließend im Kochwasser abkühlen und mindestens 1 Stunde darin stehen lassen. Abgießen, und in frischem kaltem Wasser garkochen.

	Hülsenfrüchte	Einweichdauer	Garzeit	Verwendung
	Adzukibohnen	1 Nacht	¾–1 Stunde	Suppen, Eintöpfe, Keimlinge
	Schwarze Bohnen	1 Nacht	1 Stunde	Suppen, Eintöpfe, Frittiertes
	Augenbohnen	1 Nacht	1–1½ Stunden	Schmorgerichte, Salate, Suppen
	Borlottibohnen	1 Nacht	1–1½ Stunden	Suppen, Salate, Pürees
	Saubohnen	1 Nacht	1–1½ Stunden	Falafel, Salate, Eintöpfe, Suppen
	Limabohnen	1 Nacht	¾–1 Stunde	Pürees, Salate, italienische Gerichte
	Kichererbsen	1 Nacht	1½–2 Stunden	Falafel, Hummus, Salate, Suppen
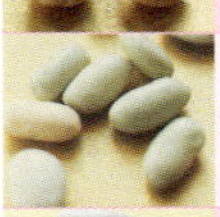	Flageoletbohnen	1 Nacht	1½ Stunden	Salate, Schmorgerichte, Suppen
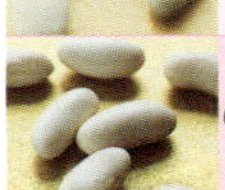	Canellinibohnen	1 Nacht	1½ Stunden	Gebäck, Schmorgerichte, Suppen
	Linsen	nicht nötig	25–45 Minuten	Salate, Dhals, Schmorgerichte, Keimlinge
	Mungobohnen	nicht nötig	¾–1 Stunde	Suppen, Salate, Keimlinge
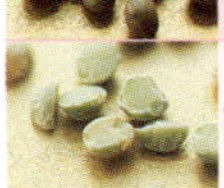	Schälerbsen	1 Nacht	1–1½ Stunden	Schmorgerichte, Frittiertes
	Rote Bohnen	1 Nacht	1–1½ Stunden	Chilis, Salate, mexikanische Gerichte
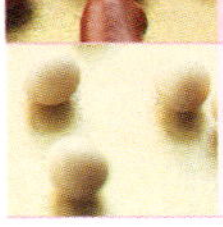	Sojabohnen	1 Nacht	2–3 Stunden	Ausbackküchlein, Salate, Keimlinge

Rezeptverzeichnis

Einfache Ideen für Sprossen und Keimlinge

Frühstück und Brunch

Hauptgerichte

Snacks

Desserts

Jody Vassallo

Langjährige Kochbuchautorin. Ihre Leidenschaft für Reisen hat sie auf alle Kontinente geführt, wo sie die Küchen und Kochtraditionen fremder Länder kennen und schätzen lernte. Autorin unter anderem der in derselben Reihe erschienenen Titel »Salz und Pfeffer« und »Curry Party«.

Deirdre Rooney

Stylistin und Fotografin, Produktionen für große Zeitungen und Zeitschriften wie »Marie Claire«, »House & Garden«, »Martha Stewart Living« und »The Sunday Times«. Daneben auch zahlreiche Kochbuchproduktionen.

Die Originalausgabe dieses Buches ist 2006 unter dem Titel »Mille et une graines« bei Marabout/Hachette, Paris, erschienen.

Aus dem Französischen übersetzt von Kirsten Sonntag, München.

Für die deutschsprachige Ausgabe:

AT Verlag, Baden und München
Druck und Bindearbeiten: Estella Graficas, Spanien
Printed in Singapore

ISBN 978-3-03800-337-3

www.at-verlag.ch